Uwe Farke · Volker Möhle · Detlef Schröder

Windsurf-Grundschein

Ich lerne surfen

Delius Klasing Verlag

Von den Autoren erschienen im Delius Klasing Verlag folgende Titel:

Ich lerne surfen
Ich lerne besser surfen
Ich will auch surfen (Farke/Schröder)

Die Deutsche Bibliothek – CIP-Einheitsaufnahme

Ich lerne surfen: Windsurf-Grundschein / Uwe Farke; Volker Möhle; Detlef Schröder. – 6., überarb. Aufl. – Bielefeld: Delius Klasing, 1992
ISBN 3-7688-0387-2
NE: Farke, Uwe; Möhle, Volker; Schröder, Detlef

6. Auflage

Einband, Layout und Zeichnungen:
Siegfried Berning, Ekkehard Schonart
Fotos: Ulli Seer, Uwe Farke, Volker Möhle
sowie Gaastra (4), Mistral (2), Edith Walldorf (1)
Titelfoto: Autoren
Außenaufnahmen mit freundlicher Unterstützung von Club Mistral, Reethi Raa, Malediven, und Robinson-Club, Fuerteventura
Demonstration: Wiebke Farke, Caroline Farke, Sabine Schlimmer und andere
Printed in Germany 1992
Druck: Kunst- und Werbedruck, Bad Oeynhausen

Inhalt

Einleitung

Interessieren Sie sich fürs Windsurfen, weil Sie schon einmal dabei zugesehen haben? Vielleicht beim Spaziergang an einem kleinen Baggersee, im Urlaub an einem größeren Binnengewässer oder auch an der Küste von Nordsee oder Ostsee, am Mittelmeer, am Gardasee oder im Fernsehen?

Nach dem, was Sie vom Windsurfen gesehen und gehört haben, glauben Sie bestimmt: Windsurfen ist ein sehr nasses Vergnügen – ein Sport, der auch eine Menge mit „Baden" zu tun hat. Sicher ist da etwas dran. Am Anfang ist Windsurfen – Windsurfen lernen – ein reichlich nasser Sport.

Jedoch mit richtiger Anleitung fallen Sie schon während der ersten Unterrichtsstunden immer seltener ins Wasser, und spätestens nach einem „Surf-Sommer" fühlen Sie sich auf dem Brett fast so sicher wie auf festem Boden.
Schwieriger wird es erst dann, wenn

Sie sich einmal nicht mehr mit dem Fahren bei leichtem Wind und ruhigem Wasser begnügen wollen. Bis Sie in den extremen Bereichen dieses Sports mithalten können, z. B. in der Brandung fahren, von der Welle abheben und mit dem Brett springen oder komplizierte Trickfiguren zeigen können, müssen Sie schon sehr viel mehr Übung und Erfahrung haben. Körperbeherrschung und Kondition wachsen allerdings beim Üben mit. Nach und nach werden Sie auch das Windsurfen bei stärkerem Wind und in Wellen beherrschen. – Aber: Wie gut Sie auch eines Tages fahren, das gelegentliche Reinfallen wird immer dazugehören.
Für jeden, der sich jetzt entschlossen hat: „Ich lerne surfen", ist dieses Buch eine praxisnahe Anleitung. Für denjenigen, der schon seine ersten Versuche hinter sich hat, der aber noch vor Problemen steht, mit denen er allein nicht fertig wird, gibt es Antwort auf viele Fragen.
Gegenüber älteren Lernanleitungen bietet der hier beschrittene Weg entscheidende Vorteile:
Ausgehend vom Unterrichtsmodell des VDWS (Verband Deutscher Windsurfing Schulen), wird Ihnen mit der richtigen Technik ein nahtloser Übergang zu allen Varianten des Windsurfens ermöglicht.
Diese neue Technik, die Sie hier lernen, ist in ihren Grundzügen gleichzusetzen mit dem Stil, der in den letzten Jahren von den Besten dieses Sports entwickelt und geprägt wurde und sich erheblich von dem „alten" Fahrstil unterscheidet. Charakteristisch für diesen neuen Stil ist der geringe Kraftaufwand, der durch aufrechte, dabei lockere Körperhaltung und Leichtigkeit der Bewegungen selbst für einen Laien deutlich erkennbar wird.
Windsurfen ist eine technische, geräte- und umweltabhängige Sportart, die dementsprechend ein gewisses Maß an Wissen über das „Funktionieren" des Geräts, über Eigenschaften von Wind und Wasser erfordert.
Windsurfen ist auch ein Sport, der Rücksicht auf andere verlangt: andere Surfer und Wassersportler, Badende, Angler oder Ausflügler auf dem Tretboot und natürlich die Berufsschiffahrt. Nicht zuletzt üben Sie diesen Sport an der frischen Luft und in der Natur aus, was Sie verpflichtet, Ihre Umwelt zu beachten und die Natur zu schützen.

Doch nun packen Sie's an:
Viel Spaß dabei!

Fehlerbild: So sollte es nicht aussehen

So ist es richtig: Moderner Fahrstil

Wie lerne ich windsurfen?

Den meisten Spaß beim Windsurfen-Lernen werden Sie haben, wenn Sie gemeinsam mit anderen Ihre ersten Versuche machen: mit Ihrer Familie, mit Freund oder Freundin, mit Gleichgesinnten aus Ihrem Bekanntenkreis. Zu zweit oder in einer kleinen Gruppe haben Sie am ehesten die Möglichkeit, Ihren eigenen Könnens- und Wissensstand zu überprüfen. Sie können sich gegenseitig helfen, wechselseitig von Ihren Erfolgen, aber auch aus Ihren Fehlern lernen. Wenn Sie allein sind beim Üben, kann es Ihnen schon einmal passieren, daß Sie ständig nur eine bestimmte Bewegung in einem Bewegungsablauf nicht ganz richtig machen, z. B. beim Anfahren, dem „Start", und deswegen immer wieder ins Wasser fallen.
Alleine finden Sie manchmal den Fehler nicht heraus; dann hilft es sehr, wenn Sie einen Tip von jemand bekommen, der erkannt hat, wo der Fehler seine Ursache hat.
Sie können natürlich auch in eine Windsurfschule gehen. Dort werden Sie in der Regel in einer kleinen Gruppe ausgebildet; Ihr Windsurflehrer wird Ihnen gezielt die Ihrem Können entsprechenden Aufgaben stellen, Sie anleiten und korrigieren.

Wozu eine Windsurfprüfung?

Wenn Sie das ganze Buch gründlich durcharbeiten und sich auch mit den theoretischen Themen beschäftigen, sind Sie anschließend für eine Prüfung bestens gerüstet. Als Nachweis Ihres Könnens und Wissens eignet sich der vom VDWS bereits 1975 eingeführte *Grundschein.* Er wird nach einheitlichen Ausbildungs- und Prüfungskriterien von den Vereinigten Ausbildungsverbänden Windsurfen (VAW), dem Zusammenschluß deutscher, österreichischer und schweizerischer Schulfachverbände für Windsurf- beziehungsweise Segelunterricht, ausgestellt. Seit 1984 hat auch der Deutsche Segler-Verband (DSV) einen „Segelsurf-Grundschein", der dem VAW-Windsurf-Grundschein vergleichbar ist. Sie sollten überlegen, ob Sie nicht die schriftliche und praktische Prüfung absolvieren wollen, mit der Sie einen solchen „Befähigungs-Nachweis" fürs Windsurfen erwerben. Erfreulicherweise ist dieser nur auf wenigen Gewässern zwingend vorgeschrieben – allerdings kann sich das rasch ändern. Der freiwillige Erwerb des Grundscheines durch möglichst viele Surfer kann unter Umständen behördlichen Reglementierungen vorgreifen. Ein Nachweis über eine bestandene Windsurfprüfung wird in aller Regel von Ihnen verlangt, wenn Sie eine Surfausrüstung bei einem Brettverleiher mieten wollen.
Seit 1990 gibt es ferner eine *nur für die Gewässer im Großraum Berlin geltende* Ausführung des Sportbootführerscheins Binnen auch für Surfer (für alle Segelfahrzeuge mit mehr als 3 m^2 Segelfläche vorgeschrieben), die sich durch viel fragwürdigen „Theorieballast" auszeichnet (siehe Beilage).

Wer kann Windsurfen lernen?

Zum Windsurfen-Lernen gibt es nur eine unabdingbare Voraussetzung: Sie müssen schwimmen können, und zwar – als Anhaltswert – etwa eine Viertelstunde in tiefem Wasser. Sicher schwimmen können heißt auch, daß Sie imstande sind, dabei ohne Schwierigkeiten und ohne Angst den Kopf einige Sekunden unter Wasser zu nehmen. Ins Wasser fallen gehört nun einmal zum Windsurfen dazu. Zwar gibt es verschiedene Schwimmhilfen, Schwimm- und Rettungswesten, zwar ist Ihr Surfbrett unsinkbar und daher auch in schwierigen Situationen eine „Rettungsinsel" – aber es kann, vor allem beim Surfen in Wellen oder bei viel Wind, auch einmal vorkommen, daß Sie nach einem Sturz hinter dem Brett herschwimmen müssen. Solche Situationen werden um so weniger ein Problem für Sie sein, je besser Sie schwimmen können. Nicht zuletzt sollten Sie sich natürlich im Wasser auch so sicher fühlen, daß Sie notfalls anderen beistehen können.
Im übrigen gilt: Richtige Anleitung vorausgesetzt, ist Windsurfen recht leicht von (fast) jedem erlernbar.
Mit einem Schlagwort läßt sich sagen: Windsurfen ist ein Sport für Leute

Lernen in der Gruppe macht viel mehr Spaß

von 7 bis 70. Diese Aussage muß allerdings etwas eingeschränkt werden: Bei Kindern unter etwa 12 Jahren muß der Grad der körperlichen Entwicklung individuell berücksichtigt werden.
Meist wissen und merken Kinder selbst sehr schnell, was ihnen Spaß macht und was sie körperlich leisten können. Wenn Kinder beim Sport überfordert sind, verlieren sie die Lust daran. Das gilt ganz besonders fürs Windsurfen.
Eine ähnliche Voraussetzung gilt für ältere Menschen: Sie werden selbst wissen, was sie sich zutrauen wollen und leisten können. In der Regel benötigen Ältere lediglich etwas mehr Übungszeit, bis sie ihr Windsurfbrett beherrschen – sonst gibt es keine Einschränkung für sie. Im Gegenteil: Auch und gerade für Ältere kann Windsurfen optimalen Ausgleich und Erholung bedeuten.
Von den gesundheitlichen Voraussetzungen her sind für das Windsurfen nur wenige Einschränkungen zu machen:
Wenn Sie z. B. unter einer rheumatischen Erkrankung leiden oder Ihre Bandscheiben geschädigt sind, sollten Sie unbedingt erst Ihren Arzt fragen, bevor Sie mit Windsurfen anfangen.
Ferner gilt ebenso wie für andere Wassersportarten auch fürs Windsurfen, daß Ihre Trommelfelle nicht beschädigt sein dürfen, da beim Schwimmen oder Untertauchen das Gleichgewichtsorgan sonst durch eindringendes Wasser gestört werden kann. Auch in diesem Fall sollten Sie sich zunächst von einem Arzt beraten lassen.
Wenn Sie Herz-Kreislauf-Beschwerden, insbesondere Bluthochdruck haben, dürfen Sie, wenn Sie kein gesundheitliches Risiko eingehen wollen, nur windsurfen, wenn Ihr Arzt es Ihnen nach einer Untersuchung ausdrücklich erlaubt hat.

Vom Einsteiger zum Könner

„Surfen-Können" ist ein weiter Begriff, eine genaue Definition sehr schwierig. Das liegt wohl zu einem großen Teil daran, daß es kein eindeutiges Kriterium gibt. Und das wiederum macht schon etwas vom Reiz beim Windsurfen aus.
So gibt es keinen Surfer, der *nie* ins Wasser fällt, keinen, der bei *jeder* Windstärke noch fahren kann, keinen, der *alle* Trickfiguren kann – wer weiß auch, was da noch alles erfunden wird. Es gibt auch keinen Surfer, der *alle* Regatten gewinnt. Aber das wird es wohl sein, was auch den abgebrühtesten Hasen unruhig macht und warum es kribbelt, wenn es draußen zu blasen beginnt.
Das Surfen-Können ist durch die unberechenbare Abhängigkeit von den Naturkräften wie eine schier endlose Stufenleiter. Hat man erst mal ein paar Sprossen mit erfolgreichen Stehversuchen erstiegen, kommt man von diesem Sport selten wieder los.
Trotzdem haben natürlich die einzelnen Stufen dieser „Endlosleiter" ihre Erkennungs- und ihre Leistungsmerkmale, an denen Sie sich orientieren können (Übersicht Seite 10/11).
Im Vergleich mit anderen stellen Sie

Radikale Manöver

sehr schnell Ihren eigenen Standort fest. Man ist schneller, läuft mehr Höhe, kommt eher zum Ziel, oder man weiß mehr.
Ist kein Vergleich mit anderen möglich, weil Sie allein oder viel besser als alle anderen surfen, sollten Sie versuchen, Ihr Können selbst einzuschätzen.
Sie prüfen, ob Sie an derselben Stelle ankommen können, wo Sie gestartet sind, ob Sie einen ganz engen Kreis um eine ausliegende Boje fahren können und ob das alles auch bei 3, 4, 5 oder mehr Windstärken noch klappt.
Dabei dürfen Sie ruhig mal ins Wasser fallen. Wenn Sie überhaupt nicht ins Wasser fallen, fordern Sie sich selbst nicht genug heraus. Sie probieren nichts Neues mehr und lernen nichts dazu. Das ist eine bekannte Tatsache. Bei dem vorauszusehenden Wachstum in der Größenordnung der vergangenen Jahre wird das Surfen auf unseren Gewässern kaum mehr möglich sein ohne fundierte Ausbildung oder einen Nachweis des Könnens. Sicheres Beherrschen der Technik und Kenntnis der gesetzlichen Bestimmungen werden Voraussetzung für die sportliche Nutzung der Wasserflächen sein, schon damit sich die Wassersportler selbst schützen vor Gefahren, die durch Unkenntnis und Unvermögen entstehen können.
Die Konsequenz muß kein vom Staat verordneter Führerschein sein. Viel besser wären freiwillige Vereinbarungen und Selbstkontrollen der Surfer in Zusammenarbeit mit Schulen und Verbänden. Kritische Selbstbeurteilung, rücksichtsvolles, verantwortungsbewußtes Verhalten der eigenen Person und den anderen gegenüber sowie Natur- und Umweltbewußtsein sind die wichtigsten Voraussetzungen, unter denen staatliche Eingriffe und Beschränkungen überflüssig werden. Sie können sich selbst in die Pflicht nehmen und Einengungen der Freiheiten in unserem Sport durch selbständiges Lernen und vorbildliches Verhalten vermeiden helfen.

„Höhenflug“

Könnens-stufen

Was beim Windsurfen-Lernen alles auf Sie zukommen kann, finden Sie in der Übersicht. Typische Könnensmerkmale sind nach dem Schwierigkeitsgrad in sechs aufsteigenden Gruppen zusammengefaßt. Der Surfer hat so die Möglichkeit, sich – seinem Leistungsstand entsprechend – diesen sogenannten Könnensstufen zuzuordnen.

Könnensstufe	1	2	3

Windstärke (Bft)	1 – 2	1 – 3	2 – 4
Diese Manöver und Übungen müssen Sie mindestens bei der angegebenen Windstärke sicher beherrschen, um sich der entsprechenden Könnensstufe zuordnen zu dürfen.	Segel aufrichten Starten und fahren Halbe Drehung Richtige Segelstellung Steuern mit dem Rigg Einfacher Notstopp	Höhe gewinnen Wende Halse Notstopp durch Backhalten	Starten (dynamischer Bewegungsablauf) Steuern mit Rigg und Brett Schnelle Wende Schnelle Halse Strandstart Fahren im Trapez
Diese Techniken sollten Sie sich aus Sicherheitsgründen aneignen und immer wieder üben	Flautenpaddeln	Notabriggen und paddeln Abgeschleppt werden	Abschleppen mit Leine
Diese Übungen helfen Ihnen, bei Ihrem Leistungsstand Brett und Rigg noch besser zu beherrschen, und sie bereiten die nächste Könnensstufe vor.	Balancieren auf dem Brett Spielen mit dem Rigg an Land Trockenübungen zum Segelaufrichten und Starten	180°-Drehung mit dem Segel Fahren mit dem Schothorn voraus Fahren in Lee, Gesicht zum Segel	360°-Drehung des Brettes 360°-Drehung des Segels Fahren „im Gabelbaum“

Gleichzeitig ergibt sich daraus ein Überblick über sinnvolle Übungen zur Rigg- und Brettbeherrschung und die wichtigsten „Sicherheitsfertigkeiten". Nach Veröffentlichung der Könnensstufen in der Zeitschrift surf sind auch die Surfboardhersteller dazu übergegangen, ihre Produkte nach den Könnensstufen zu empfehlen. Mitglieder des Lehrteams des VDWS und die surf-Redaktion haben das Konzept entwickelt, das für die untenstehende Übersicht als Orientierung diente.

	5	6

– 5	4 – 6	4 –
tarten auf verschiedenen Kursen lalse ohne Schwert Vasserstart, Rigg übers Heck iehen (Brett mit Schwert) ileiten	Powerhalse Wasserstart (Brett ohne Schwert) Wasserstart bei Schwachwind, Mast und Unterliek greifen Speedfahren	Wasserstart mit Sinker Wasserstart Schothorn voraus Speedhalse Duck Jibe
bschleppen, Brett in Lee bschleppen, Brett in Luv	Abschleppen mit Boot (Sportbootführerschein empfehlenswert)	Abschleppen mit Boot
ückwärtsfahren ahren in Lee, Rücken um Segel	Pirouettenwende Helikopterwende	Auf der Kante fahren Pirouettenhalse Sinkerwende Body-drag 360°-Drehung mit Sinker Slam Jibe

Was gehört zu einem Windsurf-brett?

Schauen Sie sich die nebenstehende Abbildung an: Sie zeigt ein komplettes Windsurfbrett mit allen wichtigen Einzelheiten. Für die Einzelteile gibt es jeweils Fachbegriffe, die Sie sich gut merken sollten; ihre Kenntnis ist eine Voraussetzung zum Windsurfen-Lernen. Die Begriffe werden Ihnen im Umgang mit Ihrem Sportgerät schon bald in Fleisch und Blut übergehen.
Ein Surfgerät besteht aus zwei großen Teilen: dem Brett und dem Rigg. Am Brett sind wesentlich Schwert und Finne sowie die Aussparungen für das Schwert (der Schwertkasten), für den Mastfuß (die Mastschiene) und die Abschleppöse am Bug.
Komplizierter ist die Vielfalt der Einzelteile des Riggs. „Rigg" ist der gebräuchliche Ausdruck für den „Motor" Ihres Surfbrettes, bestehend aus Mast, Mastfuß, Gabelbaum, Segel und sämtlichen zum Zusammenbau notwendigen Tampen. (Tampen ist ein Sammelbegriff für Leinen, die beim Surfen verwendet werden.)

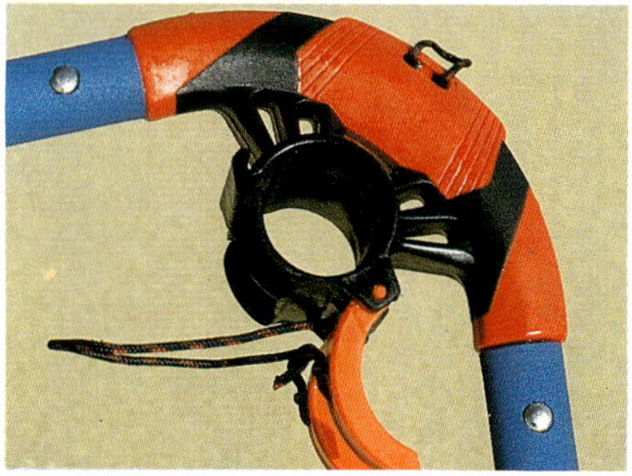

Gabelbaum mit Schnellverschluß

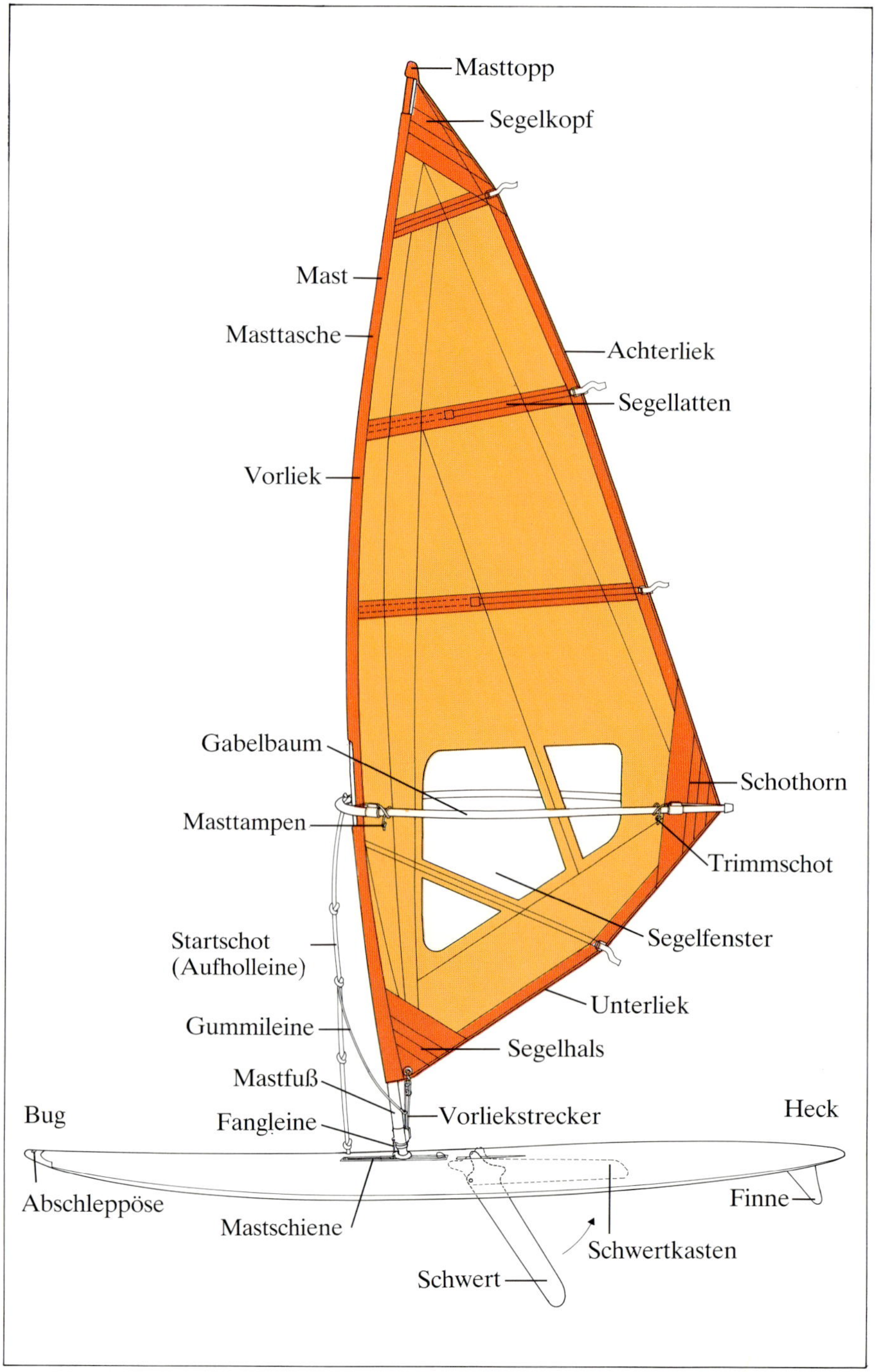

Zusammenbau des Riggs

Bevor Sie mit dem Zusammenbau des Riggs („aufriggen“) beginnen, sortieren Sie am besten erst einmal die einzelnen Teile – vor allem, wenn Sie ein neues Rigg haben, bei dem alles noch einzeln verpackt ist.

Teile des Riggs

1 Mast

2 Mastfuß

3 Segel mit dazugehörigen Segellatten

4 Schnellverschluß (um den Gabelbaum am Mast zu befestigen)

5 Vorliekstrecker (verbindet das untere Ende des Segels, den Segelhals, mit dem Mastfuß)

6 Trimmschot (lange Leine zum Spannen des Segels im Gabelbaum)

7 Gabelbaum

8 Startschot (oder: Aufholleine; dicker Tampen zum Aufholen des Riggs)

9 Gummileine mit Haken (soll die Startschot in greifbarer Nähe halten)

All diese Einzelteile gehören zu einem kompletten Windsurfbrett

Rigg auf- und abbauen

Vorm Aufriggen ein Tip: Üben Sie intensiv die Knoten (S. 16)! Die Tips für das Zusammenbauen der Teile können hier nur sehr allgemein gehalten sein, da jeder Hersteller sein eigenes System für Mastfuß, Gabelbaumbefestigung, Segellattenspanner oder Trimmhilfen verwendet.
Die folgenden Hinweise sind allerdings unabhängig vom Fabrikat und Segeltyp gültig. In Detailfragen sind Sie zusätzlich auf Aufbauanleitungen der Hersteller angewiesen.
Zuerst Tips zum Brett:
Stecken Sie das Schwert in den Schwertkasten, prüfen Sie Bedienung und Funktion des Klappmechanismus, und befestigen Sie die Finne.
Nun zum Rigg:
Montieren Sie zunächst die Startschot am Gabelbaum, Gummileine und Haken an der Startschot und die Trimmhilfen (Rollen, Haken) an Vorliekstrecker und Trimmschot entsprechend den Herstellerangaben. Startschot und Trimmhilfen bleiben künftig am Gabelbaum beziehungsweise am Mastfuß befestigt.
Die weitere Reihenfolge für Auf- und Abriggen in Stichworten:

Aufriggen

1 Segel ausbreiten und kurze Segellatten einsetzen (falls vorhanden)

2 Mast in Masttasche einführen und Mastfuß einstecken

3 Vorliekstrecker leicht vorspannen

4 Gabelbaum in Schulterhöhe befestigen

5 Segel mit Trimmschot spannen, damit die langen Latten besser eingesetzt werden können (falls vorhanden)

6 Lange Segellatten einschieben und Lattentasche faltenfrei spannen

7 Genaues Abstimmen von Vorlieks- und Achterliecksspannung (Trimm überprüfen)

8 Nasses Segel nachtrimmen

1 Mast in die Masttasche schieben

Die Aufholleine muß bis zum Mastfußunterteil reichen

5 Trimmschot spannen

2 Mastfuß-Oberteil einsetzen und Vorliekstrecker leicht vorspannen

3 Richtige Gabelbaumhöhe festlegen: vom Mastfuß aus am Mast weitwinklig ausgebreitete Arme entsprechen der Schulterhöhe

4 Gabelbaum mit Masttampen oder Schnellverschluß am Mast befestigen

6 Vorliekstrecker mit Trimmhilfe nachspannen

7 Segellatten einsetzen und spannen

8 Mastfußunterteil einsetzen

Abriggen

1 Alle durchgehenden Latten halb herausziehen
2 Vorliekstrecker entspannen
3 Trimmschot lösen
4 Gabelbaum lösen
5 Mastfuß und Mast aus dem Segel ziehen
6 Parallel zueinander verlaufende Latten wieder einschieben
7 Segel vom Topp her einrollen

Zuerst Vorliekstrecker, dann Trimmschot lösen. Durch eine falsche Reihenfolge beim Abriggen werden die Nähte überlastet, das Segel wird beschädigt oder zerstört!

Knoten

Zum Aufriggen müssen Sie ein paar spezielle Knoten lernen.

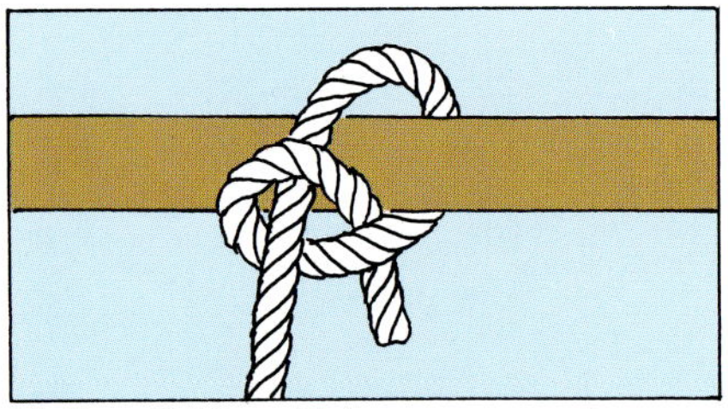

Halber Schlag: Sicherung, um das Lösen eines Tampens aus einer Klemme zu verhindern.

Achtknoten: verhindert das völlige Durchrutschen eines Tampens durch eine Klemme.

Kreuzknoten: verbindet zwei gleich dicke Tampen miteinander.

Die in der Seefahrt gebräuchlichen Knoten halten sicher und lassen sich im Notfall sehr schnell wieder lösen. Die sogenannten „Hausfrauenknoten“ halten zwar auch, sind aber oft nur noch mit einer Schere zu lösen. Sie sollten die „Seemannsknoten“ üben, bis Sie sie im Schlaf können. An jedem Surftag werden sie gebraucht, um das Rigg so zusammenzubauen, daß es nicht beim ersten Sturz in seine Bestandteile zerfällt.

Mastschlinge: einfachste Möglichkeit, den Gabelbaum am Mast zu befestigen, ohne daß der Gabelbaum verrutschen kann.

Schotstek: verbindet zwei ungleich dicke Tampen miteinander.

Versuchen Sie, die Knoten auch einmal mit geschlossenen Augen zu binden und zu lösen; nutzen Sie jede Gelegenheit zum Üben!

Stopperstek: mögliche Verbindung von Mast und Gabelbaum; Nachteil: kompliziert. Sehr festgezogen, ist der Knoten oft schwer zu lösen.

Palstek: Rettungsknoten; er bildet eine Schlinge, die sich nicht zuzieht; wird benötigt beim Abschleppen oder beim Befestigen des Vorliekstreckers am Segelhals.

Richtiges Trimmen des Segels

Ihr Segel ist vom Hersteller durch den Zuschnitt der einzelnen Bahnen so gefertigt, daß es ein bestimmtes Profil mit einer Wölbung hat. Durch das Trimmen können Sie Lage und Tiefe der Segelwölbung („Segelbauch") beeinflussen. Bei einem guten Segel, das genau auf den verwendeten Mast und Gabelbaum abgestimmt ist, haben Sie dabei allerdings wenig Spielraum, denn durch den Segelschnitt ist ein Profil vorgegeben, welches sich auch durch Trimmen nur geringfügig verändern läßt.

Das richtige Abstimmen der Spannung von Vor- und Achterliek erfordert Erfahrung und Fingerspitzengefühl. Andererseits wird das Trimmen moderner Riggs oftmals zum Kraftakt, da solche Segel sehr viel Spannung benötigen, um das optimale Profil auszubilden. Die Hersteller versuchen, den notwendigen Kraftaufwand zu reduzieren, indem sie serienmäßig über Rollen geführte Trimmhilfen mitliefern. Diese Flaschenzüge verleiten aber auch dazu, das Segel viel zu stark zu spannen. Die Folge: Das Profil stimmt nicht, und das Segel zieht nicht mehr richtig.
Richten Sie sich exakt nach der Trimmanleitung, die jedem Segel beiliegen sollte, denn je nach Fabrikat kann die Trimmtechnik Unterschiede aufweisen. Grundsätzlich deuten Querfalten im Segel auf ein unzureichend gespanntes Vorliek hin. Längsfalten parallel zum Mast werden durch Nachspannen der Trimmschot beseitigt. Sollten sich in Ihrem Segel Falten zeigen, wenn es naß wird, müssen Sie es nachtrimmen. Segel mit Nylonmasttaschen lassen sich überhaupt erst in nassem Zustand richtig trimmen, da sich nasses Nylon stark dehnt.

In jedem Fall sollten Sie an Land überprüfen, ob Ihr Segel richtig getrimmt ist (faltenfrei „steht")

Überprüfung von Brett und Rigg

Sehr angenehm und bequem ist es, sich von Freunden oder von einer Surfschule ein fertig aufgeriggtes Brett auszuleihen. Man meint, die Zeit des Aufriggens sparen zu können, und fährt sofort los. Durch diese vertrauensselige Haltung können Sie in gefährliche Situationen geraten.

● Sind Sie sicher, daß Ihr Vorgänger das Rigg ordnungsgemäß zusammengebaut und nur einwandfreies Material verwendet hat?
● Befindet sich der Gabelbaum in der für Sie richtigen Höhe?

Verzichten Sie niemals auf eine gründliche Überprüfung des aufgebauten Bretts, mit welchem Sie „in See stechen" wollen. Nehmen Sie sich die Zeit, erkennbare Mängel schon an Land zu beheben. Manchmal wird es nötig sein, das Rigg nochmals zu zerlegen, um es richtig wiederaufzubauen.

Benutzen Sie niemals ein schlampig zusammengebautes Rigg. Fehler am Material könnten Sie fern vom Ufer in Schwierigkeiten bringen.

Es folgt eine kleine Liste zum Überprüfen des aufgeriggten Surfbretts:

Ersatztampen am Gabelbaumende

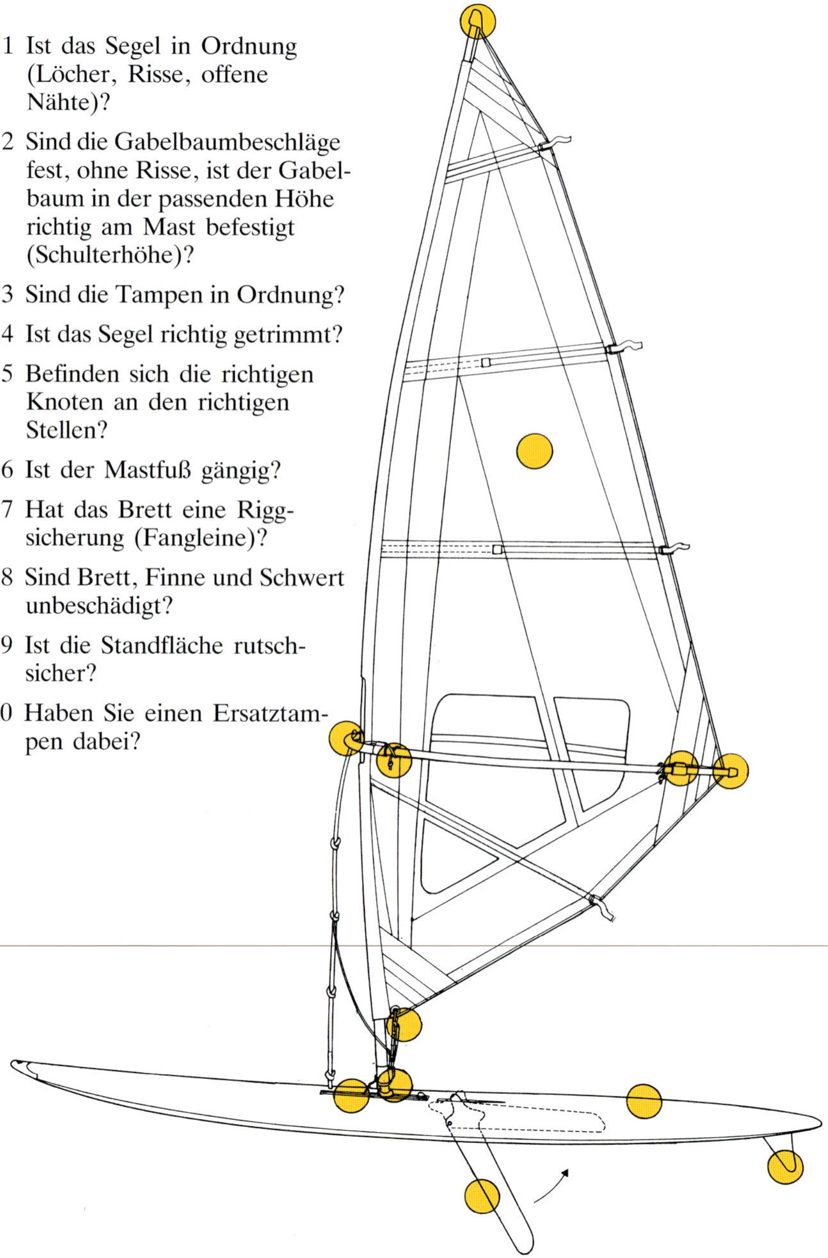

1 Ist das Segel in Ordnung (Löcher, Risse, offene Nähte)?
2 Sind die Gabelbaumbeschläge fest, ohne Risse, ist der Gabelbaum in der passenden Höhe richtig am Mast befestigt (Schulterhöhe)?
3 Sind die Tampen in Ordnung?
4 Ist das Segel richtig getrimmt?
5 Befinden sich die richtigen Knoten an den richtigen Stellen?
6 Ist der Mastfuß gängig?
7 Hat das Brett eine Riggsicherung (Fangleine)?
8 Sind Brett, Finne und Schwert unbeschädigt?
9 Ist die Standfläche rutschsicher?
10 Haben Sie einen Ersatztampen dabei?

Prüfpunkte am aufgeriggten Surfbrett

Spielen mit Brett und Rigg

Wenn Sie zum erstenmal auf Ihr Surfbrett klettern, wird Ihnen klar, wie wackelig die Planke ist. Erwiesenermaßen ist das Balancegefühl zum großen Teil Veranlagung, doch läßt es sich in gewissem Maße auch antrainieren. Oft ist nur die Angst, ins Wasser zu fallen oder sich zu blamieren, die Ursache für den unsicheren Stand auf dem Surfbrett. Die psychische Sperre, ganz unterzutauchen, mit dem Kopf unter das Segel zu geraten oder mit „Schlingpflanzen" in Berührung zu kommen, ist selbst bei geübten Schwimmern nicht selten. Die Angst läßt sich jedoch abbauen, und die Unsicherheit auf dem kippligen Surfbrett ist bald vergessen.
Es ist sinnvoll, auf und in dem Wasser mit ein paar Vorübungen zu beginnen.

In einer Gruppe können diese Übungen sehr viel Spaß machen. Sie lernen dabei nicht nur, auf dem Brett zu bleiben und „richtig" ins Wasser zu fallen, sondern Sie können sich bei den Kunststücken gegenseitig Mut machen, helfen und nicht zuletzt auch bewundern.
Vorher noch ein wichtiger Hinweis: Vor der intensiven Sonneneinstrahlung am und auf dem Wasser müssen Sie sich durch geeignete Mittel schützen, aber bedenken Sie: Sonnenschutzmittel bilden allmählich eine Fettschicht auf Ihrem Surfbrett. Die angerauhte Standfläche nützt nichts mehr, Sie rutschen wie auf Schmierseife. Es bleibt Ihnen dann nichts anderes übrig, als Ihr Surfbrett mit Wasser und Seife gründlich abzuschrubben.

Spielformen

- Vom Heck bis auf den Bug gehen, ohne herunterzufallen, obwohl der Bug oder das Heck weit aus dem Wasser steigen
- In der Höhe des Schwertkastens rechts und links an den Kanten des Surfbretts stehen und abwechselnd das rechte oder linke Bein belasten
- Mehrmals hintereinander schnell in die Hocke gehen
- Hochspringen und sicher wieder landen (Vorsicht: mit beiden Füßen gleichzeitig landen!)
- Kopfstand auf dem Brett
- Zu zweit auf dem Brett stehen, einer auf dem Bug, einer auf dem Heck. Platzwechsel!
- Abspringen vom Brett üben: mit Füßen zuerst eintauchen, niemals mit dem Kopf voraus. Beine leicht angewinkelt
- Quer und längs unter dem Brett durchtauchen
- Unter dem Segel durchtauchen
- Unter das Segel schwimmen und Segel anheben zum Luftholen
- Brett umdrehen, so daß das Schwert nach oben zeigt; wieder zurückdrehen

Wichtig: Achten Sie bei allen Übungen darauf, daß das Wasser tief genug ist (mindestens hüfttief). Sie bewahren sich so vor Verletzungen!

Spiele und Sicherheitsregeln für Kinder

Bei Ihren Balanceübungen werden Sie feststellen, wieviel Spaß es macht, auf dem Brett herumzutoben.
Sie werden größtes Verständnis für Ihren Sprößling haben, der vielleicht vom Ufer her ruft: „Ich will jetzt auch mal mit dem großen Brett spielen!"
Das Surfbrett ist tatsächlich ein ideales Spielgerät für die ganze Familie, auch oder gerade für Kinder. Es ist unsinkbar, und ein Kind kann sich fast ohne Kraftanstrengung schnell fortbewegen. Luftmatratzen und Schlauchboote sind viel gefährlicher. Vielleicht können Sie Ihrem Kind ein Paddel schenken, mit dem es mühelos davonpaddeln kann.
Einige Sicherheitsregeln sollten Sie jedoch beachten, damit das Spiel nicht gefährlich wird:

Kinder sollten
- grundsätzlich eine Schwimmweste tragen, auch wenn sie schwimmen können;
- in den Umgang mit Brett und Paddel eingewiesen werden;
- immer in Ufernähe bleiben;
- nicht bei ablandigem Wind mit dem Brett aufs Wasser gehen – die Gefahr, daß sie abgetrieben werden, ist zu groß;
- niemals mit dem Brett bei höheren Wellen oder sogar Brandung spielen; das Brett kann durch die Wellen mit enormer Kraft gedreht oder sogar in die Luft geschleudert werden;
- nur unter Aufsicht spielen.

Denken Sie auch daran, daß Kinder beim Toben und Spielen manchmal nicht merken, daß sie schon „blaugefroren" sind. Holen Sie Ihre Kinder deshalb rechtzeitig vom Wasser zurück.
Bei Flaute kann das Surfbrett auch erwachsene Wasserratten zum Spielen reizen.
Ihrer Phantasie sind dabei keine Grenzen gesetzt. Neue Ideen ergeben sich, wenn Sie diese einmal ausprobieren:
- Wer ist zuerst an der Boje und wieder zurück?
- Fuchsjagd. Viele Spieler müssen einen „Fuchs" fangen
- Paddelslalom durch eine Bojenkette
- Wer kann einen Kopfstand auf dem Brett?
- Wie viele Surfer passen auf ein Surfbrett?
- Ballspiele auf dem Wasser, mit Surfbrett

Nicht nur für Kinder bietet sich das Surfbrett als Spielgerät an

Rigg und Brett ins Wasser bringen

Zwei Tragetechniken: mit Griff um das Brett in den Schwertkasten oder über dem Kopf

Parkplätze direkt am Ufer werden Sie nur selten finden, oft müssen Sie Brett und Ausrüstung über eine längere Strecke bis zum Wasser transportieren. In diesem Fall ist die Benutzung der im Fachhandel angebotenen Transporthilfen eine wesentliche Erleichterung. Das Angebot reicht von Tragegurten für das Brett bis zu komfortablen Transportkarren für die gesamte Ausrüstung.
Ohne Transporthilfen ist die zweckmäßigste Trageweise, mit einer Hand um das Brett herum in den Schwertkasten zu greifen und mit der anderen in die Mastspur zu fassen. Die leichteren Bretter heben Sie am besten im Schwerpunkt über den Kopf. Bei wenig Wind und für kurze Strecken in belebten Uferzonen ist dies die sicherste Tragetechnik.

Zwei Tragetechniken für das Rigg: Bei beiden zeigen Mast und Mastfuß zum Wind.

Um Ihr Surfbrett und das Rigg ins Wasser zu bringen, brauchen Sie auf jeden Fall unmittelbar am Ufer ausreichend Platz. Vor allem das Rigg ist ziemlich sperrig und entwickelt – falsch getragen – ein reges Eigenleben. Leicht wird die Aufgabe nur, wenn Sie es richtig anfangen.
Tragen Sie zunächst das Brett direkt ans Ufer; legen Sie es aber noch nicht ins Wasser. Es würde – je nach Windrichtung – wegtreiben oder mit anderen Brettern zusammenstoßen. Ein Rigg dagegen bleibt nahezu an dem Ort liegen, wo Sie es ins Wasser legen. Damit ist die Reihenfolge klar: zuerst das Rigg, dann das Brett zu Wasser bringen.
Das aufgespannte Rigg tragen Sie am leichtesten, wenn Sie es am Mastfuß hochheben und so drehen, daß der Wind druntergreifen kann. Bei genügend Wind wird das Segel angehoben und richtet sich selbst entsprechend aus. Diese Lage mit dem Mast zum Wind muß das Rigg beim Tragen behalten. Nun greift die eine Hand den Mast oberhalb vom Gabelbaum, die andere den Gabelbaum etwa in der Mitte. Mit diesem Griff heben Sie das Rigg über den Kopf und tragen es zum Wasser. Achten Sie auf die Windrichtung: Mastfuß und Mast müssen zum Wind zeigen, sonst können Sie das Segel nicht sicher halten. Je nach Windstärke greift der Wind unter das Rigg und hilft Ihnen, so daß Sie kaum Kraft einsetzen müssen. Für kurze Entfernungen können Sie das Rigg auch an Mast und Gabelbaum greifen und in die Hüfte stemmen.
Wenn Sie anfangs noch Schwierigkeiten haben, sollten Sie das Tragen des Riggs bei den unterschiedlichsten Bedingungen immer wieder probieren. Am belebten Ufer machen Sie besser keine Experimente. Sie können dann Ihr Segel zusammenraffen, den Gabelbaum hochklappen und auch mit der Trimmschot verzurren. So läßt sich das Rigg problemlos tragen.

1. *Rigg in ausreichender Entfernung vom Ufer im Wasser ablegen*

2. *Erst dann das Brett aufs Wasser bringen – zum Rigg gehen oder paddeln*

3. *Mastfuß in der Mastschiene befestigen. Rigg mit der Fangleine sichern*

4. *Bei Idealbedingungen (Sand) Rigg und Brett verbinden, Finne und Mast greifen, anheben und rückwärts ins Wasser gehen*

Schotstart: Aufsteigen aufs Brett

Der Schotstart läßt sich grob gliedern in

- Aufsteigen
- Rigg aufrichten
- Brett ausrichten und
- Anfahren

Ziel soll sein, das Brett aus dem Stand flüssig zum Geradeausfahren auf Halbwindkurs zu bringen. Um Balanceprobleme zu reduzieren, sollen unnötige Pausen im Bewegungsablauf vermieden werden.

Die Abbildungen auf den nächsten acht Seiten vom Aufsteigen, Rigg aufrichten, Brett ausrichten, Anfahren und der Geradeausfahrt auf Halbwindkurs müssen Sie sich deshalb in unmittelbarer Verbindung und ohne Wartezeiten zwischen den einzelnen Phasen vorstellen.

Das Aufsteigen aufs Brett im flachen oder tiefen Wasser erfolgt grundsätzlich im Bereich der Brettmitte, also nahe beim Mastfuß. Achten Sie darauf, daß Ihre Hände nicht zwischen Mast und Brett geraten, wenn das Rigg noch im Wasser liegt. Legen Sie deshalb beim Aufsteigen die eine Hand flach auf den Mast, die andere weiter entfernt mitten aufs Brett, damit Sie Ihre Finger nicht einklemmen.

Aufsteigen im flachen Wasser

Aufsteigen im tiefen Wasser

Typische Fehler

Die Volumenverteilung moderner Bretter setzt den Aufsteigemöglichkeiten natürliche Grenzen. Wem es Spaß macht, zu balancieren, der kann trotzdem versuchen, über Bug oder Heck aufzusteigen, um die Kippstabilität seines Brettes zu testen.
Bei solchen Versuchen werden Sie dann schnell selbst herausfinden, wo das Aufsteigen am besten gelingt.

Schotstart: Rigg aufrichten…

Vorübungen am Strand erleichtern das Segelaufholen

Wichtige Hinweise

Wenn Sie bereits nach dem ersten Surftag Muskelkater oder sogar Rückenschmerzen haben, kann es daran liegen, daß Sie schon beim Segelaufholen entscheidende Fehler gemacht haben. Aus medizinischer Sicht ist es unbedingt notwendig, durch richtige Technik und geeignetes Rigg einer Überbeanspruchung der Wirbelsäule vorzubeugen. Die hier dargestellte neueste Methode, das Rigg aufzuholen, hat sich in der Praxis bestens bewährt. Körperkraft wird nicht mehr gefordert. Das Rigg wird angehoben, indem das Körpergewicht an die Startschot gehängt wird. Somit ist das Segelaufholen kein Problem der

Körpergewicht an die Startschot hängen (mastseitige Hand)

Warten, bis das Wasser abgelaufen ist…

Kraft, sondern eine Frage der richtigen Technik geworden.
Der Rücken bleibt gerade, die Wirbelsäule wird geschont und die Armkraft erst eingesetzt, wenn das Wasser vom Segel abgelaufen und das Rigg ganz leicht aufzurichten ist.
Dabei müssen natürlich das Rigg-Gewicht, die Segelgröße und die Gabelbaumlänge im richtigen Verhältnis zum Körpergewicht stehen. Grundsätzlich läßt sich ein kleineres Segel immer leichter aufholen als ein größeres, da Sie weniger Wasser mit anheben müssen. Die Gabelbaumlänge – sie sollte beim Anfänger unter 2 Meter liegen – beeinflußt die Geschwindigkeit, mit der das Wasser vom Segel abläuft. Je kürzer der Gabelbaum, desto schneller nimmt das anfängliche Gewicht ab. Zu kurz (unter 170 cm) sollte er für Einsteiger aber auch nicht sein, da die entsprechend geschnittenen Segel zu schwierig zu fahren sind.

Lee und Luv

Das Segel läßt sich am leichtesten aufholen, wenn es auf der windabgewandten Seite des Brettes liegt, auf der „Leeseite". „Lee" ist die Bezeichnung für die Richtung, in die der Wind bläst, „Luv" für die Richtung, aus der der Wind kommt. Vergewissern Sie sich also vor dem Segelaufholen, von wo der Wind kommt, indem Sie zum Beispiel auf Fahnen am Ufer oder die Richtung der Windwellen achten. Merken Sie sich die Windrichtung anhand von Orientierungspunkten am Ufer. Wenn Sie Ihr Segel frei flattern lassen, wirkt es selbst wie ein Windrichtungsanzeiger; das Schothorn zeigt stets in Windrichtung, nach Lee.

Aufholtechnik

Das Rigg sollte in Lee im rechten Winkel zum Brett liegen. Die Füße stehen links und rechts vom Mast auf der Brettmitte.
Die mastseitige Hand greift die Startschot, das mastseitige Bein wird gestreckt, das andere leicht gebeugt. Die freie Hand zeigt nach Luv zum Wasser. Dadurch bleibt der Rücken beim Zurücklehnen gerade, und das Körpergewicht hängt an der Startschot, um das Rigg das erste Stück anzuheben. Nun abwarten, bis das Wasser vom Segel abgelaufen ist und der Widerstand nachläßt. Erst jetzt wird das Rigg durch Hand-über-Hand-Greifen an der Startschot zügig ganz aus dem Wasser gezogen. Eine Hand greift den Mast unterhalb des Gabelbaums, der Arm ist fast gestreckt. Die Knie sind leicht gebeugt, der Oberkörper ist aufrecht, rechter Winkel zwischen Rigg und Brett.
Zeigt das Gabelbaumende zur anderen Seite – andere Hand zum Segelaufholen nehmen!

...erst dann das Segel ganz aus dem Wasser ziehen

Mast greifen...

...Brett ausrichten und anfahren

Brett ausrichten

Wenn Sie nach dem Aufrichten des Riggs bereits die unten beschriebene Ausgangsstellung erreicht haben, beginnt sofort das eigentliche Anfahren. Zur Sicherheit überprüfen Sie aber immer kurz die richtige Position von Brett und Rigg, ebenso Fußstellung und Körperhaltung nach folgenden Kriterien:

- Das Brett liegt quer zum Wind, der Winkel zwischen Rigg und Brett beträgt 90°.
- Der vordere Fuß steht vor dem Mast, der hintere hinter dem Schwert. Beide Füße sind schräg nach vorn gedreht.
- Die vordere Hand (sie heißt auch „Masthand") hält den Mast unterhalb vom Gabelbaum.
- Das Rigg ist zum Wasser geneigt, der vordere Arm ist lang.

Liegt das Brett falsch, können Sie die Ausgangsposition durch leichtes Schwenken zum Bug oder zum Heck korrigieren.

Anfahren

Das Anfahren können Sie sich in folgende Phasen gegliedert gut merken:

- Schauen Sie über den Bug, ob der Weg in Fahrtrichtung frei ist.
- Jetzt nehmen Sie den vorderen Fuß deutlich hinter den Mast und ziehen *gleichzeitig* das Rigg mit der Masthand nach Luv. Damit das Rigg weit genug am Körper vorbeigezogen werden kann, drehen Sie sich in Fahrtrichtung (Blick zum Bug). Dabei bleibt das

...und Brett quer zum Wind ausrichten

Rigg nach Luv und Fuß hinter den Mast

Rigg ohne Druck im rechten Winkel (90°) zum Brett.

● Die freie Hand (Segelhand) greift nun vor der Schulter den Gabelbaum.

● Das Brett nimmt Fahrt auf, sobald Sie das Rigg bei gleichbleibender Winkelstellung der Arme zum Brett drehen: das Segel dichtholen. Fangen Sie sich den Wind sehr gefühlvoll ein, und drehen Sie das Rigg nur so weit zum Brett, daß die Fahrt rechtwinklig zur Windrichtung beginnt. Der Blick kontrolliert über den Bug nach vorn die Geradeausfahrt.

Bei wenig Wind ist es oft nicht einfach, beim Dichtholen das rechte Maß zu treffen. Hier können Sie den Krafteinsatz besser dosieren, wenn Sie den Gabelbaum nur mit zwei Fingern greifen und sich den Wind sehr vorsichtig einfangen.

Sobald sich die Kraft im Segel aufbaut, bewegt sich das Brett vorwärts. Sie haben Halt am Rigg und spüren die Wellenbewegungen nicht mehr so stark. Denn in Fahrt wird das Brett stabiler unter den Füßen, und Sie haben weniger Probleme mit dem Gleichgewicht.

Versuchen Sie deshalb, zwischen *Rigg aufrichten* und *Anfahren* keine unnötigen Pausen einzulegen. Nach dem Start können Sie dann Körperhaltung, Grifftechnik, Fußstellung, Segelstellung und Fahrtrichtung in Ruhe überprüfen und, wenn nötig, korrigieren.

Tip: Lassen Sie die vordere Hand am Mast, bis das Brett kontrolliert geradeaus fährt.

Gleichzeitig: Fuß zurück und Rigg nach Luv

Hintere Hand auflegen…

…und dichtholen

...Fahrtrichtung korrigieren

Geradeausfahrt

Wenn Sie nach dem Anfahren sicher auf dem Brett stehen, können Sie mit der vorderen Hand den Mast kurz zum Körper heranziehen und an den Gabelbaum umgreifen. Ob das Brett dann geradeaus fährt, ist am besten zu überprüfen, wenn Sie über den Bug nach vorn schauen. Als Hilfe für einen stabilen Kurs nach dem Start können Sie sich merken: gerade stehen, Mast senkrecht und Gabelbaum parallel zum Wasser halten.

Fahren Sie beim Start ungewollt eine Kurve, müssen Sie die Fahrtrichtung sofort korrigieren. Dazu wird das Rigg Richtung Mast oder Richtung Gabelbaumende zum Wasser gekippt. Sie werden selbst herausfinden, wie Sie das Rigg kippen müssen, um die Kurven zu verhindern. Oder Sie schauen sich vor den ersten Startversuchen auch noch das Kapitel „Steuern" an (Seite 42).

Dichtholen und Fieren

Um das Anfahren mehrfach hintereinander üben zu können, wird das Rigg bis ins Gleichgewicht nach Luv gebracht, und die Segelhand greift bei ganz geöffnetem Segel den Gabelbaum, wenn das Rigg ganz leicht wird. Durch Drehen und leichtes Kippen des Riggs, bis sich das Segel gefüllt hat und das Brett geradeaus fährt, wird „Gas gegeben" (Fahrstellung), durch Vordrehen und Kippen des Riggs nach Luv (Wartestellung) wird die Fahrt wieder herausgenommen, der „Leerlauf eingeschaltet". Das Einfangen des Windes mit gleichzeitiger Fahrt voraus

Umgreifen – Fahrstellung

Fahrtrichtung korrigieren: nach Lee...

heißt *Dichtholen,* das Auslassen des Windes *Fieren*.
Wichtig ist, daß Dichtholen und Fieren in aufrechter Körperhaltung ausgeführt werden. Andernfalls, so beim Abknicken in der Hüfte und zusätzlichem Strecken der Arme, entstehen Kräfte, die das Brett zu einer ungewollten Kurvenfahrt zwingen. Bei der kleinsten Bö oder einer Welle, die die Fahrt bremst, fallen Sie nach Lee ins Wasser.
Tips für einen guten Start:
- gerade stehen bleiben
- über den Bug nach vorn schauen
- geradeaus anfahren, Kurven sofort korrigieren (vergleiche Kapitel „Steuern“, Seite 42)

Wartestellung (Fieren)

…oder Luv bis auf Halbwindkurs

Geradeausfahrt Halbwindkurs

Rigg zum Aufrichten von Luv nach Lee bringen

Rigg von Luv nach Lee durch Brettdrehung

Das ist gut gesagt: Zum Segelaufholen sollte das Rigg immer in Lee liegen. Wenn Sie nämlich Brett und Rigg nur kurze Zeit sich selbst überlassen oder bei einem Sturz zur Luvseite das Segel nicht rechtzeitig losgelassen haben, liegt das Rigg auf der falschen Seite und bleibt auch dort. Denn das auf dem Wasser schwimmende Brett bietet dem Wind eine Angriffsfläche und dem Wasser kaum Widerstand. Beim Rigg ist es genau umgekehrt. Es liegt im Wasser und wird vom Wind nicht erfaßt, dafür aber vom Wasser stark gebremst; es wirkt für das Brett wie ein Treibanker. Die Folge ist, daß sich das Brett aus jeder Position immer um das Segel dreht, bis es genau quer zum Wind liegenbleibt. Wenn Sie auf dem Brett stehen, wird der Vorgang noch beschleunigt – Sie bieten dem Wind eine zusätzliche Angriffsfläche. Eine solche Ausgangsposition mit dem Rigg in Luv ist für das Segelaufholen äußerst ungünstig. Der Versuch, das Segel auf der Luvseite hochzuziehen, wird für Sie anfangs wahrscheinlich mit einem Sturz enden, weil das Rigg mit Wucht auf Sie zukommt, sobald der Wind unter das Segel greift. Folgende Technik hilft Ihnen, einen Sturz zu vermeiden: Ziehen Sie das Rigg etwas in Richtung Mast zum Brett, und heben Sie es an (Seite 34). Der dadurch aus dem Wasser ragende Teil des Segels bietet dem Wind mehr Angriffsfläche als Körper und Brett; das Brett dreht sich, bis das Rigg in Lee liegt. Mit dieser Technik dauert der Wechsel von Luv nach Lee zwar etwas länger, jedoch ergeben sich keine Balanceprobleme, weil das Rigg teilweise im Wasser bleibt und der rechte Winkel zwischen Rigg und Brett nur wenig verändert wird. Das Drehenlassen ist bei geradem Rücken und gestrecktem Arm nicht anstrengend.

Rigg von Luv nach Lee über das Brett ziehen

Etwas schneller, aber auch riskanter ist folgende Technik: Sie ziehen das Rigg mit dem Mast voran flach über das Brett, je nach Lage des Riggs über Bug oder Heck. Wenn Sie dies mit einiger Übung zügig durchführen können, wird sich das Brett nicht drehen, sondern quer zum Wind liegenbleiben. Schwierigkeiten können entstehen, wenn das Rigg auf dem Brett liegt und keinen Wasserkontakt mehr hat. Diese wackelige Phase sollten Sie am besten mit etwas Schwung schnell überwinden.

Typische Fehler beim Schotstart

Trotz neuer Erkenntnisse zur Technik bleiben Ungeduld, Ängstlichkeit und Unkenntnis wohl die häufigsten Ursachen für die typischen Fehler beim Aufrichten des Riggs.

- Es wird unnötig Kraft vergeudet, die man beim Fahren dringend braucht.
- Zugbelastungen bei „rundem" Rücken schaden der Wirbelsäule.
- Das Körpergewicht wird nicht wirksam eingesetzt.

Das Körpergewicht wird nur dann optimal eingesetzt, wenn der Winkel zwischen Startschot und Mast möglichst groß ist. Der Winkel wird um so größer, je aufrechter der Körper an der Startschot hängt. Wäre das Aufholen des Riggs mittels Startschot nur ein kurzfristiges Anfängerproblem, dann hätte man diese Phase ja bald überwunden. Doch sie behält bis zur sicheren Beherrschung von Strand- und Wasserstart und darüber hinaus beim Schwachwindsurfen ihre Bedeutung. Deshalb sollten Sie Körperhaltungen und Techniken vermeiden, wie sie auf den beiden Fehlerfotos abgebildet sind. Hier wird das Aufrichten des Riggs mit Kraft versucht. Die abgebildete Körperhaltung sorgt schon nach einigen Versuchen mit ziemlicher Sicherheit für Rückenschmerzen und Erschöpfung. Prüfen Sie in jedem Fall die richtige Länge der Startschot und die richtige Befestigung der Gummileine. Nur wenn Sie aufrecht stehend das Körpergewicht durch Rücklage einsetzen können, vergeuden Sie keine Kraft.

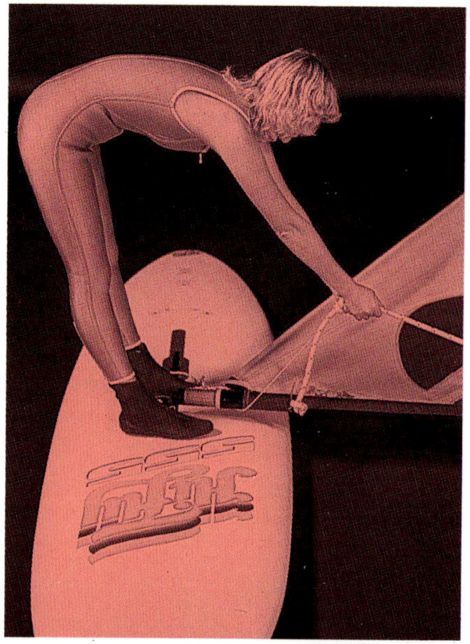

Beim Anfahren werden Fehler besonders deutlich spürbar. Wenn der Start nicht klappt, macht das Surfenlernen schnell keinen Spaß mehr. Die hier abgebildeten typischen Situationen werden Ihnen eine wichtige Hilfe sein, eigene Fehler zu erkennen und zu vermeiden. Bevor Sie das Rigg zum Start nach Luv kippen, müssen Sie das Brett neu ausrichten, indem Sie das Segel zum Heck schwenken. Versuchen Sie erst dann anzufahren, wenn das Brett wieder quer zum Wind liegt, so daß das Segel rechtwinklig zum Brett über dem Wasser flattert.

Wenn Sie Rückenschmerzen nach dem Surfen vermeiden wollen: Startschot mit einer Hand am untersten Ende (Knoten) greifen, Körper aufrichten und aufrecht über die Luvkante nach außen hängen

Segelhand loslassen und neu starten

Geradeaus fahren – gerade stehen

Grundstellung Sicherheitsstellung

Nach dem Aufrichten des Riggs stehen Sie am sichersten, wenn

- die Füße gleich weit links und rechts vom Mastfuß stehen,
- die Knie zum Ausbalancieren leicht gebeugt sind,
- Oberkörper und Kopf aufrecht sind,
- eine Hand oder beide Hände den Mast greifen,
- die Arme fast gestreckt sind,
- das Segel rechtwinklig zum Brett steht und
- das Rigg zum Gleichgewichthalten benutzt wird.

Diese Stellung wird Grundstellung oder Sicherheitsstellung genannt, aus der heraus eine gute Orientierung über das Geschehen rundum möglich ist. Der sichere Stand in der Grundstellung ist eine wichtige Voraussetzung für die weiteren Übungen.

Grundstellung

Sicherer Stand beim Rundumblick

Halbe Drehung

Eine gute Vorübung für das Drehen des Brettes um 180° ist das Schwenken des Riggs Richtung Bug oder Heck. Das Brett nimmt dabei Fahrt auf und beginnt auch zu drehen. Und es dreht sogar immer weiter unter dem Segel durch, wenn Sie nicht aufhören, das Rigg in dieselbe Richtung an den Wind anzulehnen.
Drehen Sie das Brett deshalb nur so weit, daß der Bug nach der Drehung in die entgegengesetzte Richtung zeigt. Sobald Bug oder Heck einmal unter dem Segel durchgedreht haben, richten Sie das Brett gleich wieder zum Starten aus. Dann können Sie anschließend dorthin zurücksurfen, wo Sie hergekommen sind.

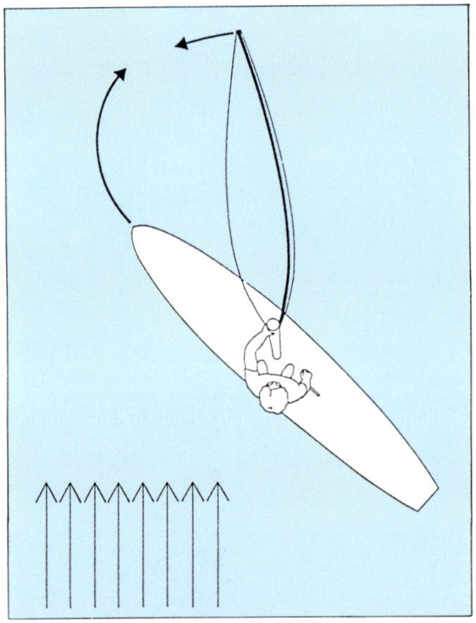

Rigg zum Bug schwenken: Der Bug dreht vom Wind weg

Drehen über den Bug

Beim Schwenken des Riggs zum Bug reagiert das Brett sehr sensibel. Hier können Sie das Rigg mit einer oder beiden Händen am Mast führen. Die Arme sind gestreckt (Schothorn tief). Lassen Sie das Brett drehen (Mastfuß zwischen den Fußspitzen), indem Sie die Füße wechselseitig anheben. Der Rücken zeigt während der Brettdrehung immer nach Luv. Sie spüren den Wind also auf dem Rücken. Die Drehung wird beendet, wenn der Bug in die entgegengesetzte Richtung zeigt. Bei der halben Drehung über den Bug sollten Sie aber wissen, daß das Brett rasch in Windrichtung abtreibt: Sie verlieren Höhe. Bei ablandigem Wind ist das gefährlich, weil Sie vom Ufer weg, womöglich aufs offene Meer getrieben werden. Sie riskieren dann, daß Sie das Ufer nicht mehr aus eigener Kraft erreichen.

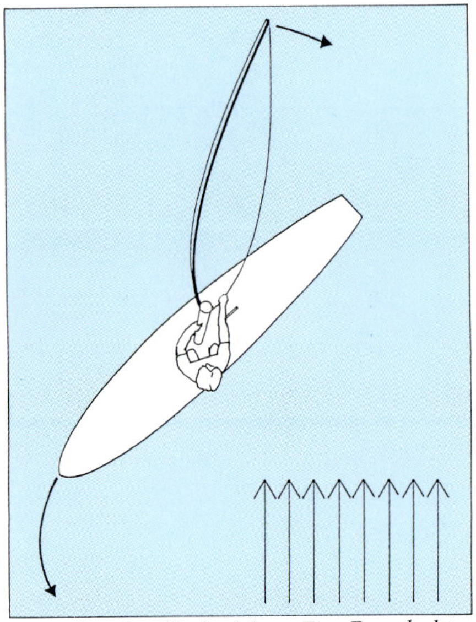

Rigg über das Heck ziehen: Der Bug dreht zum Wind hin

Drehen über das Heck

Bei ablandigem Wind müssen Sie also schon aus Sicherheitsgründen das Rigg unbedingt beim Umdrehen zum Heck schwenken. Sie beschleunigen die Brettdrehung, indem Sie das Segel mit der Segelhand am Gabelbaum etwas dichtnehmen und nicht nur an den Wind anlehnen, sondern das Rigg langsam und gleichmäßig über das Heck ziehen. So können Sie sich gleichzeitig am Rigg festhalten.
Wenn Sie das Rigg hier nur mit einer Hand am Mast halten und an den Wind anlehnen, müssen Sie sich auf ein recht zeitraubendes Manöver einstellen und versuchen, auf dem kippeligen Brett das Gleichgewicht zu halten. Sie werden dann viel Platz brauchen.
In jedem Fall schauen Sie sich vorher sorgfältig um (Rundumblick). Suchen Sie sich für die halbe Drehung eine Stelle, wo Sie andere Surfer nicht stören.

Rigg über das Heck ziehen

Schotstart Spielen und Üben

In spielerischer Form können Sie ein wichtiges Element aus dem Startvorgang entweder auf dem Wasser oder am Ufer üben. Sie werden schnell selbst herausfinden, wie weit das Rigg nach Luv gebracht werden muß, bis es von allein stehenbleibt.
Daß ein Rigg mit längerem Gabelbaum und bei stärkerem Wind erheblich weiter zum Wind gekippt werden muß, bis es im Gleichgewicht steht, wird Ihnen sicherlich einleuchten. Sie können Ihre Wahrnehmung für die richtige Riggposition vor dem Dichtholen des Segels am besten schulen, indem Sie den Mast mit geschlossenen Augen und „mit zwei Fingern" bewegen, bis das Rigg ganz leicht wird. Wer diesen Punkt gut trifft, wird die hier abgebildeten Übungen ohne Probleme auf Anhieb nachmachen können.
In der Surfschule sind solche Übungen in spielerischer Form ein wesentlicher Bestandteil der Rigg-Gewöhnung. Die Wahrnehmungsaufgaben werden durch Ideen der Schüler ständig erweitert. Sie haben sicher schon das bunte Treiben beobachtet, wenn ein Surfkurs am Strand versucht, die Riggs synchron ins Gleichgewicht zu bringen oder im Kreis von Rigg zu Rigg zu wechseln. Hier wird im Spiel das Gefühl für die richtige Riggführung geschult. Tun Sie sich mit anderen zusammen, dann können Sie solche Übungen gemeinsam ausprobieren. Sie werden Spaß haben und eine Menge lernen.

Die Bildreihe unten zeigt die wichtigste Trockenübung für den Schotstart: gleichzeitig den Mast nach Luv kippen und den Fuß hinter den Mast setzen! Das Brett wird dazu quer zum Wind auf steinfreien Untergrund gelegt (Finne entfernen oder eingraben!). Üben Sie diesen Teil des Schotstarts auch in die andere Richtung, indem Sie das Brett um 180° drehen

Steuern

So wie kein Segelflieger zum erstenmal fliegt, ohne die Funktion des Steuerknüppels zu kennen, kein Fahrlehrer den Schüler im unklaren läßt, mit welchen Mitteln er das Fahrzeug nach dem Anfahren auf der rechten Fahrbahnseite halten kann, ist es für Sie beim Surfen erforderlich zu wissen, wie Sie Ihr Surfbrett zu Ihrem Fahrtziel dirigieren können.
Zunächst muß geklärt werden, wohin Sie steuern. Beim Autofahren ist das kein Problem: Sie biegen nach links oder rechts ab, fahren Links- oder Rechtskurven. Diese uns allen vertrauten und selbstverständlichen Begriffe werden beim Surfen nicht verwendet: Dort richtet sich alles nach dem Wind, auch die Richtungsänderungen beim Steuern.

Die Bezeichnungen beim Steuern berücksichtigen, ob Sie mehr *an* den Wind heranfahren – dann luven Sie an – oder ob Sie mehr vom Wind wegfahren – dann fallen Sie ab.
Anluven = an den Wind fahren
Abfallen = weg vom Wind fahren

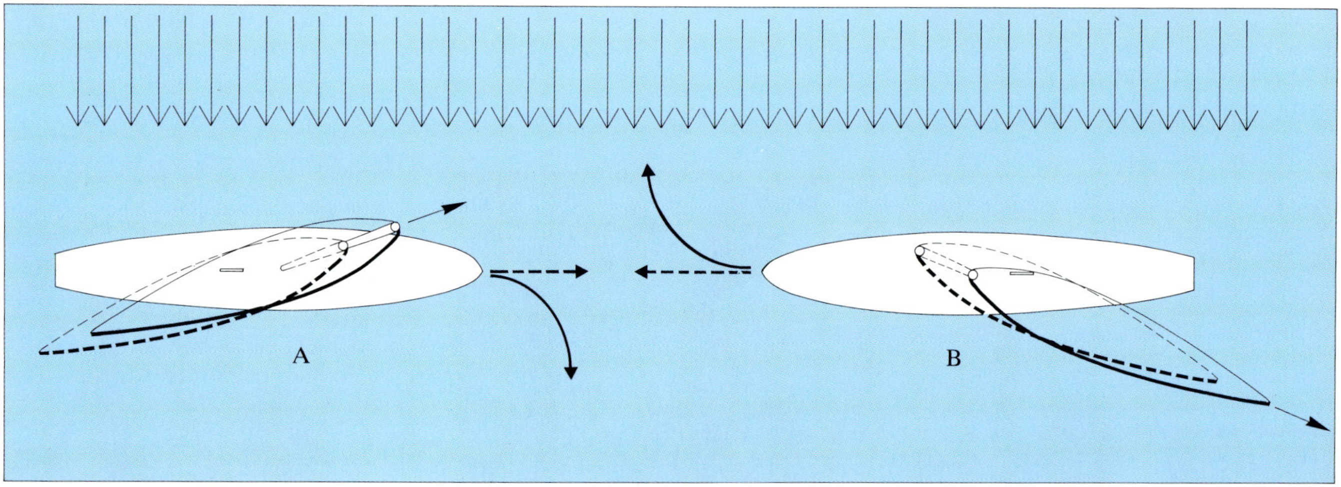

Beide Surfer fahren eine Rechtskurve. Surfer A kippt dazu sein Rigg nach Luv. Surfer B kippt sein Rigg nach Lee

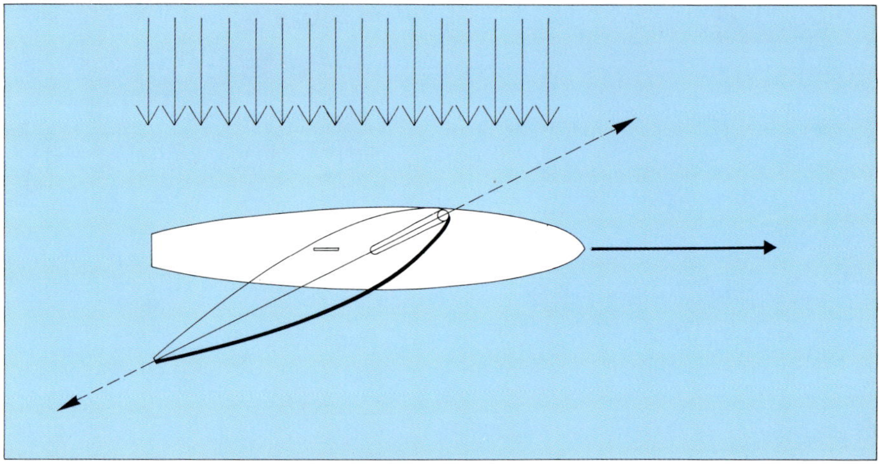

Beim Steuern muß der Anstellwinkel des Segels zum relativen Wind gleich bleiben. Das Segel wird deshalb „in der Segelebene“ gekippt. Die Segelebene ist definiert durch die drei Ecken des Segels. Kippen des Riggs in der Segelebene bedeutet, das Rigg in der Verlängerung der Segelsehne nach Lee oder Luv zu neigen. Die Segelsehne ist erkennbar in der Zeichnung als Linie zwischen Mast und Schothorn (Gabelbaumende) (s. S. 101)

Warum diese andersartigen Bezeichnungen sinnvoll sind, werden Sie leicht verstehen, wenn Sie sich anhand der Abbildung links zwei „Rechtskurven" von Surfern veranschaulichen.
Wenn Surfer A eine Rechtskurve steuert, fährt er weg vom Wind: Er fällt ab. Surfer B dagegen steuert bei einer Rechtskurve mehr zum Wind hin: Er luvt an.
Zum Anluven müssen Sie jedoch eine Steuerbewegung machen, die der entsprechenden Bewegung für das Abfallen genau entgegengesetzt ist.
Am wirkungsvollsten sind Ihre Aktionen beim Steuern, wenn Sie Ihr Rigg in Richtung Mast oder in Richtung Gabelbaumende nach Luv bzw. nach Lee kippen. Ihr Segel muß die Stellung zum Wind beibehalten und darf auf gar keinen Fall killen (flattern).

Anluven

Kippen Sie das Rigg in Richtung Gabelbaumende zum Wasser (nach Lee; siehe Abbildung Seite 42 unten), dann beginnt das Brett, eine Kurve zum Wind zu fahren: Sie *luven an.*
Allgemein beim Steuern und besonders beim Anluven ist wichtig, daß alle Richtungsänderungen in einer Geradeausfahrt auf stabilem Kurs beginnen und enden.
Dazu muß jede Steuerbewegung deutlich durch ein Stoppen der Brettdrehung abgeschlossen werden. Das Rigg wird so weit zurückgekippt, bis das Brett wieder geradeaus fährt. Das können Sie am besten kontrollieren, indem Sie sich mit dem Blick über den Bug voraus an der Umgebung orientieren.
Das rechtzeitige Stoppen der Fahrtrichtungsänderung dürfen Sie besonders beim Anluven nicht vergessen, weil hier normalerweise die Bretter sehr empfindlich reagieren. Sie würden bis in den Wind drehen. Das Segel beginnt zu flattern, oder der Wind fällt von der falschen Seite ins Segel. Retten Sie sich schnell in die Grundstellung und starten Sie erneut.

Surfer hinten: „fällt ab", Mitte: „fährt geradeaus", vorne: „luvt an"

Abfallen

Auf Steuerbewegungen zum Abfallen reagiert das Brett gewöhnlich weniger empfindlich als beim Anluven. Kippen Sie das Rigg beim Abfallen deshalb energisch nach Luv, ohne dabei die Segelstellung zu verändern. Dazu strecken Sie den vorderen Arm und ziehen die hintere Hand zur Schulter. Wenn Sie durch falschen Stand auf dem Brett eine Kante herunterdrücken, ist es möglich, daß die Steuerbewegung beschleunigt wird. Unter Umständen tritt aber das Gegenteil ein. Sie fahren plötzlich geradeaus, obwohl Sie mit den Armen die Steuerbewegung richtig eingeleitet haben. Die Kräfte am Unterwasserschiff haben dann beim Kippen des Brettes Ihre Steuerung mit dem Rigg neutralisiert (vergleiche „Steuern" im Teil Theorie, Seite 101/102).

Achten Sie darauf, daß das Segel vorn am Mast gerade nicht killt und daß das Brett ganz flach auf dem Wasser liegt.

Abfallen

Abfallen – vom Wind
wegfahren,
Höhe aufgeben

Rigg beim Abfallen
Richtung Mast nach Luv
kippen

Anluven

Anluven – an den Wind fahren, Höhe gewinnen

Rigg beim Anluven Richtung Gabelbaumende nach Lee kippen

Schleudersturz
Typische Fehler beim Abfallen

Da ein Surfbrett im allgemeinen so getrimmt ist, daß es aus der Geradeausfahrt eher zum Anluven als zum Abfallen neigt, werden Sie die Aktionen für eine Kurve weg vom Wind (abfallen) immer ganz korrekt und sogar etwas übertrieben ausführen müssen. Fehler werden beim Abfallen für jeden deutlich spürbar. Mal fährt das Brett trotz Ihrer Steuerbewegung weiter geradeaus, mal werden Sie wie von unsichtbaren Kräften ausgehebelt und kommen über den unfreiwilligen Genuß des „freien Fluges" zum sogenannten Schleudersturz.
Fällt das Brett nicht ab, dann versuchen Sie folgende Tricks:

- Gehen Sie beim Abfallen weiter zurück zum Heck (hinter den Schwertkasten!).
- Rutschen Sie mit beiden Händen am Gabelbaum ein Stück weiter weg vom Mast.
- Kippen Sie das Rigg so weit nach Luv, daß das Gabelbaumende schräg nach oben zeigt.
- Holen Sie das Segel gefühlvoll noch etwas dichter (Hand zum Kopf ziehen!).

Den Schleudersturz können Sie vermeiden, wenn Sie folgendes beachten:

- Zum Abfallen unbedingt hinter dem Mast stehen bleiben, gehen Sie mindestens bis hinter den Schwertkasten auf dem Brett zurück.
- Bleiben Sie gerade stehen, belasten Sie den hinteren Fuß, wenn Sie das Rigg zum Abfallen nach Luv kippen.
- Halten Sie das Segel dicht, aber dosieren Sie die Segelstellung beim Abfallen sehr gefühlvoll.

Falsch gesteuert ist gut geschleudert

Achtung! Auffieren, hinter den Schwertkasten zurückgehen, „richtig" abfallen

Jetzt ist alles zu spät!

Manöver fahren

Im Grunde können Sie mit Segelaufholen, Starten, Steuern und der halben Drehung bereits alle Ziele auf dem Wasser erreichen. Was Sie jetzt noch dazulernen, hilft Ihnen lediglich, Ihr Fahrkönnen so zu verbessern, daß Sie auch bei stärkerem Wind schnell und sicher umkehren können.
Das Surfen fällt anfangs vor allem deshalb schwer, weil alle Bewegungen sehr langsam ausgeführt werden. Drehen und Starten, Planen der Fahrtroute und die Orientierung auf dem Wasser nehmen Sie noch so sehr in Anspruch, daß zwangsläufig Denkpausen entstehen müssen; und gerade dann fallen Sie leicht ins Wasser.
Das Brett verliert seine Kippstabilität, sobald der Druck aus dem Segel genommen wird und das Brett keine Fahrt macht. Sie haben Schwierigkeiten, auf dem schwankenden Brett sicher zu stehen.
Deshalb wird es schon am Anfang Ihrer Ausbildung darauf ankommen, das Surfboard immer in Fahrt zu halten und die Phasen ohne Druck im Segel auf ein Minimum zu verkürzen. Während Sie Ihr Brett bei der halben Drehung fast auf der Stelle drehen, sind Wende und Halse Voraussetzung, um die entgegengesetzte Richtung „fahrend“ zu erreichen. Das Ziel wird für beide Manöver sein, die Bewegungen beim Richtungswechsel so zügig und fließend auszuführen, daß das Brett immer in Fahrt und somit kippstabil bleibt.

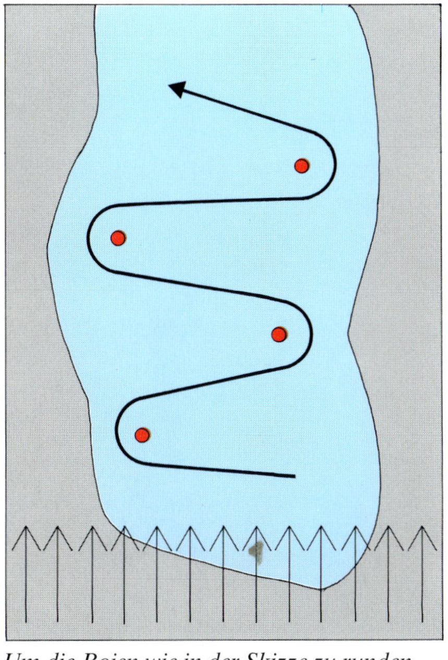

Um die Bojen wie in der Skizze zu runden, müssen Sie Halsen fahren

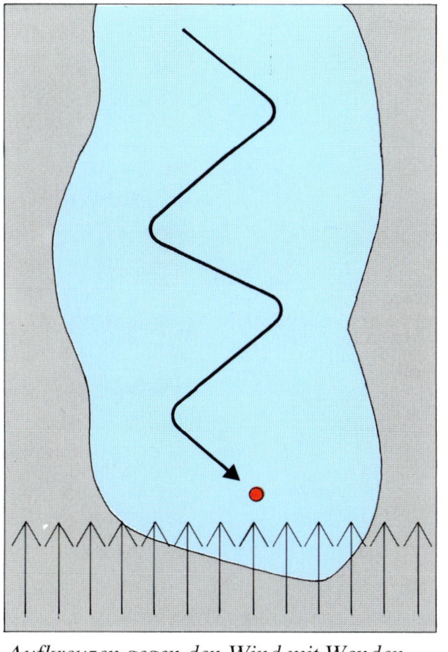

Aufkreuzen gegen den Wind mit Wenden

Wende

Bei einem flüssigen Wendemanöver wird, bedingt durch das Anluven vor dem Seitenwechsel, Höhe gegen den Wind gewonnen. Folgen mehrere Wenden hintereinander mit sichtbarem Höhegewinn, so spricht man vom *Aufkreuzen* oder *Kreuzen*.

Halse

Die Halse ist nach wie vor das attraktivste Manöver beim Surfen. Es mag daran liegen, daß es verhältnismäßig lange dauert, bis man die Halse auch bei stärkerem Wind sicher fahren kann. Bei wenig Wind ist die Halse sogar leichter als die Wende, weil Sie beim Wechsel der Segelseite hinter dem Mast stehen bleiben können, während Sie bei der Wende vorn um den Mast herum auf die andere Brettseite gelangen. Die Halse verlangt jedoch sehr präzises Steuern. Achten Sie darauf, daß das Segel beim Einleiten der Halse – durch Abfallen – gefüllt ist und daß Sie die Kurve über Vorwind hinaus fahren (Schothorn voraus), bevor Sie die Segelseite wechseln.

Manöverkreis

Damit Sie sich beim Üben nicht zu weit vom Land entfernen, verbinden Sie am besten Wende und Halse miteinander. Dazu brauchen Sie nur zu versuchen, die Manöver um eine Boje herum oder einfach im Kreis – deshalb auch Manöverkreis – zu fahren. Je enger und schneller der Kreis gelingt, desto besser. Behalten Sie aber die Übersicht auf dem Wasser. Andere Surfer rechnen nicht damit, daß Sie – ohne ersichtlichen Grund – zu einem Manöver ansetzen. Deshalb: vor jeder Richtungsänderung freien Raum überprüfen!

3 *Weiter anluven*

4 *Anluven durch den Wind…*

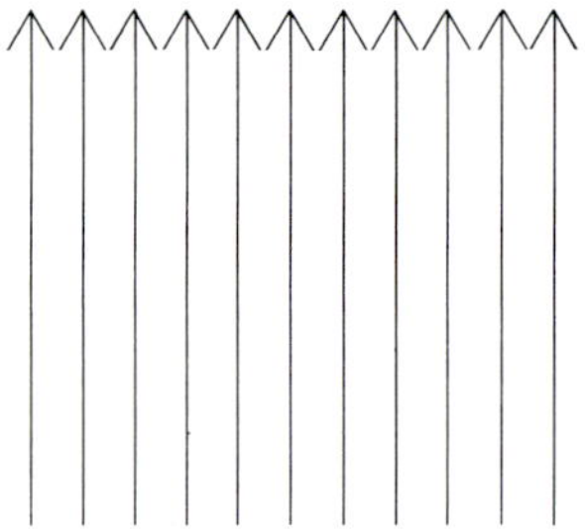

…und Seitenwechsel

5 *Abfallen…*

2 *Hand an den Mast, Fuß vor den Mast*

1 *Freien Raum in Luv überprüfen und anluven bis Amwindkurs*

Wende

Die Wende besteht aus drei Elementen:

- dem deutlichen Anluven durch den Wind,
- dem flüssigen Wechsel der Segelseite mit Platzwechsel vorn um den Mast herum und
- dem Abfallen und Weiterfahren in die neue Richtung

6 *...bis Amwindkurs*

7 *Umgreifen – Geradeausfahrt*

Wende

Übungsformen

Flüssiger Seitenwechsel: Segelhand loslassen, Hände am Mast in Körpernähe wechseln (Mast zum Körper ziehen) und Rigg schnell wieder nach Luv kippen (abfallen); dabei maximal drei Schritte um den Mast

Anluven

Seitenwechsel

Abfallen

7 Rigg nach Luv und dichtholen –
Geradeausfahrt… umgreifen

6 Füße zum Mast versetzen, Rigg aufrichten und Segelseite wechseln (schiften)

2 Rigg nach Luv kippen: abfallen

1 Freien Raum in Lee überprüfen

Halse

Die Halse besteht wie die Wende aus drei Elementen:

- dem deutlichen Abfallen über Vorwind hinaus (Fahren mit Schothorn voraus),
- dem Wechsel der Segelseite (Schiften) und
- dem Anluven und Weiterfahren in die neue Richtung

5 Fahren mit Schothorn voraus

4 Kurve weiterfahren über Vorwind hinaus

3 Weiter abfallen, dabei Füße zum Heck versetzen

Halse

Übungsformen

- Segeldrehung um 180° (schiften)
- Segeldrehung um 360°
- Steuern auf Vorwindkurs

180°-Drehung: Schothorn voraus

Rigg aufrichten…

Fahren und Steuern auf Vorwindkurs

360°-Drehung: Übergreifen am Gabelbaum

Erster Wechsel der Segelseite

. . . Segelhand greift zum Mast . . .

. . . und zieht das Rigg schnell nach Luv

Dichtholen

Hände rutschen am Gabelbaum zum Mast

Mast greifen und zweiter Wechsel der Segelseite

Mast zum Körper ziehen

Abriggen auf dem Wasser

Mit einem ordnungsgemäß zusammengebauten Surfbrett können Sie sich ohne Bedenken aufs Wasser begeben. Nur sollten Sie vor dem Start unbedingt wissen, was zu tun ist, wenn der Wind einschläft oder wenn Sie es nach den ersten „Gehversuchen" noch nicht schaffen, surfend zum Ausgangspunkt zurückzukommen.
Mit ein bißchen Glück findet sich

1 Fangleine lösen und Mastfuß herausziehen

2 Segellatten herausziehen

5 Segel mit der Startschot an den Mast binden, Gabelbaum hochklappen

6 Gabelbaum und Segel mit der Trimmschot fest an den Mast binden

jemand, der Sie abschleppen kann. Oder Sie paddeln nach Hause. Auch das ist keine Schande. Im Gegenteil! Sie treten auf diese Art den Beweis an, daß Sie sich zu helfen wissen. Sowohl zum Paddeln als auch zum Abschleppen wird zuvor das Rigg sorgfältig zusammengepackt. Da muß jeder Handgriff sitzen.
Es ist deshalb sicher vernünftig, sich die Zeit zu nehmen, an Land das Abriggen in Ruhe zu üben.
Dazu liegt das Brett im Sand, das Rigg wird vorschriftsmäßig gespannt und mit dem Mastfuß in der Mastspur befestigt. Sie knien sich am besten wie im Ernstfall aufs Brett.
Wenn Sie nach den untenstehenden Anweisungen zum Abriggen auf dem Wasser vorgehen, dürfte es nicht schiefgehen, und Sie haben nach einem Probelauf am Ufer in einer echten Notsituation bestimmt keine Schwierigkeiten mehr.
Das verpackte Rigg wird zum Paddeln mit dem Mastfuß wieder ins Brett eingesteckt und aufs Heck gezogen. Oder Sie legen es mit dem Mastfuß zum Bug aufs Brett und sich selbst obendrauf. Das ist etwas un-

3 Trimmschot lösen

4 Segel vom Achterliek an den Mast rollen, Segellatten fest mit einwickeln

7 Paddeln: Rigg liegt auf dem Brett

8 Paddeln: Mastfuß wird eingesteckt, Rigg schleift im Wasser

bequemer als die andere Technik. Auch sollten Sie das Rigg hier am Brett verzurren oder zumindest mit der Sicherheitsleine verbinden, damit das Brett, falls Sie ins Wasser fallen, nicht abtreiben kann.

Abriggen mit Schnellverschluß

Bei einem Gabelbaum mit Schnellverschluß wird die Trimmschot gelockert, dann der Gabelbaum am Mast gelöst. Auch der Vorliekstrecker muß entspannt werden, damit Sie das Segel um den Mast rollen können. Lösen Sie den Vorliekstrecker aber nicht vollends, sonst geht der Mastfuß verloren. Die Latten stecken Sie am besten durch die Gabelbaumaussparung in die Masttasche, bevor Sie das Segel eng um den Mast wickeln. Mit Trimmschot und Startschot werden schließlich Mast (mit Segel) und Gabelbaum verzurrt. Danach verfahren Sie wie beim geklappten Gabelbaum (siehe Seiten 56/57).

Bewahren Sie im Notfall die Ruhe!
Treffen Sie Ihre Entscheidung zum Notabriggen stets so rechtzeitig, daß die Kräfte für das Verpacken und den Heimweg noch reichen!
Gehen Sie nach Plan und sorgfältig vor!

Trimmschot lösen

Schnellverschluß lösen, Latten in die Masttasche stecken und Segel einrollen

Der Weg zurück

Paddeln mit aufgespanntem Rigg

Für den Rückweg bei Flaute oder leichtem Wind können Sie Zeit und Arbeit sparen, wenn Sie Ihr aufgespanntes Rigg so aufs Brett legen, daß es keine Wasserberührung hat. Dazu gibt es zwei Möglichkeiten. Bei der ersten Variante bleibt der Mastfuß eingesteckt. Wenn Sie sich dann nah am Mastfuß auf den Bug setzen oder legen, können Sie bequem kürzere Strecken paddelnd überwinden. Bei einer ähnlichen Technik wird der Mastfuß herausgezogen. Sie liegen dann unter dem Segel im Gabelbaum. Mit den Füßen wird das Segel leicht angehoben und im Gleichgewicht gehalten.
Beide Paddeltechniken mit aufgespanntem Rigg sind allerdings nur für wenig Wind geeignet. Sie helfen aber auch, wenn der Wind einmal einschläft, bevor Sie das Ufer erreicht haben. Man vermeidet hier das Zusammenpacken des Riggs auf dem Wasser und liegt beim Paddeln bequemer auf dem Brett.

Mastfuß eingesteckt, Rigg auf dem Heck

Mastfuß herausgezogen, unter dem Segel im Gabelbaum liegen und paddeln

Abgeschleppt werden

Wer schon sicher surfen kann, wird andere gern einmal im Schlepp ans Ufer bringen. Übrigens: Hilfeleistung ist Pflicht (siehe Seite 69). Wenn Sie selbst in Not geraten, behalten Sie vor allem kühlen Kopf, und geben Sie deutlich und mehrfach ein Notsignal (Seite 62, 63).
Um den „Retter" soweit wie möglich zu entlasten, müssen Sie wissen, wie Sie sich beim Abschleppen verhalten, damit Sie so schnell wie möglich wieder an Land sind. Ist ein hilfsbereiter Surfer in Sicht, können Sie sich schon auf seine Hilfe vorbereiten:

Beim Abschleppen an Schwertknauf oder Fußschlaufe festhalten…

Legen Sie das Rigg zusammengepackt auf das Brett (siehe Seite 56–58). Lassen Sie den Helfer längsseits gehen; dann können Sie sich, auf dem Brett liegend, am Schwertknauf oder einer Fußschlaufe des Schleppenden festhalten oder sich mit dem an der Abschleppöse befestigten Ersatztampen hinterherziehen lassen. Für längere Strecken gegen den Wind empfiehlt sich unbedingt das Abschleppen mit Leine. Das Manövrieren ist so einfacher und das Geschlepptwerden bequemer. Während der Schleppfahrt müssen Sie unbedingt das Schwert ganz einklappen, weil das Brett sonst bei der kleinsten Gewichtsverlagerung ausbricht und es dem Abschleppenden unmöglich wird, seinen Kurs zu halten. Das gilt ebenso beim Abschleppen mit einem Segel- oder Motorboot. Wichtig bei Bergung durch ein Motorboot: Bleiben Sie unbedingt auf dem Brett, um nicht in den Sog der drehenden Schraube zu geraten.
Bei starkem Wind und Wellen kann es unmöglich sein, das Rigg mitzunehmen. Bei der Bergung hat Personenrettung absoluten Vorrang vor Materialrettung. Helfer sind nicht verpflichtet, Ihr Material zu bergen.
Es reicht übrigens nicht aus, wenn man sich die Abschlepptechnik bloß anschaut. Trainieren Sie das Abschleppen mit anderen Surfern aus Ihrem Bekanntenkreis in spielerischer Form oder sogar als Wettbewerb.
Wenn Sie in der Lage sind, Ihren Partner zu jedem gewünschten Zielpunkt zu schleppen, dann sind Sie auf solche Situationen gut vorbereitet.
Auch das Abgeschlepptwerden klappt besser, wenn man es wiederholt übt.

...oder Abschleppleine benutzen

Notsignal

Leider gibt es keine allgemeingültige, für Binnen- und Küstenbereich einheitliche Rechtsvorschrift, wie das Notsignal auszusehen hat, so daß es überall eindeutig erkannt wird. Mittlerweile hat sich jedoch international eingebürgert: Heben und Senken der seitlich ausgestreckten Arme bedeutet: Ich brauche dringend Hilfe! (Foto rechts) Diese Variante des Notsignals hat den Nachteil, daß man bei Wellen, schlechter Sicht oder großem Abstand vom Ufer auf dem Brett kniend sehr schlecht zu erkennen ist. Hinzu kommen erhebliche Balanceprobleme, falls man sich freihändig aufs Brett stellt, um besser gesehen zu werden. Die andere Möglichkeit erfüllt besser den Zweck eines Notsignals: Sie greifen mit einer Hand die Startschot und können jetzt auch im Stehen gut auf dem Brett Balance halten. Mit der freien Hand schwenken Sie in kreisförmigen Bewegungen einen grellfarbigen Gegenstand vor dem Körper (Tuch, Schwimmweste, Trapez). (Foto links) Vorteile dieser Technik: sicherer Stand und gute Erkennbarkeit auch bei ungünstigen Bedingungen. Nachteil: Wer bereits sehr erschöpft ist, wird sich kaum noch auf das Brett stellen können.

Wichtigste Grundregel ist deshalb: Notsignal frühzeitig vor der völligen Erschöpfung geben.

Notsignal: Kreisförmiges Schwenken eines grellfarbigen Gegenstands

Die Ursachen für Notsituationen sind sehr unterschiedlich. Sie reichen von falscher Einschätzung der Windstärke und Wetterentwicklung, der eigenen Kraft, falscher Segel- und Brettwahl bis hin zu Defekten am Material.

Verhaltensregeln im Notfall

● Ruhe bewahren und unbedingt wegen der Unterkühlungsgefahr auf dem Brett bleiben. Das Rigg aufgespannt lassen; es wirkt wie ein Treibanker und stabilisiert das Brett.
● Beurteilen Sie jetzt genau, aber ohne lange zu zögern, Ihre Situation.
Wenn Hilfe zu erwarten ist:
● Deutlich und wiederholt Notsignal geben.
● Zusätzlich in regelmäßigen Abständen das Rigg aufrichten oder anheben. So werden Sie von Rettern bei Wellengang oder Gegenlicht besser ausfindig gemacht.
● Wenn Leuchtzeichen zur Verfügung stehen: zwei Signale in kurzem Abstand, um die Ortung zu erleichtern; eins bei Annäherung von Bergungsfahrzeugen, eins als Reserve.
● Beim Annähern von Bergungsfahrzeugen: Bergung vorbereiten (Seite 56–58); den Anweisungen der Helfer bzw. des Bergungspersonals unbedingt Folge leisten. Bei Bergung durch Hubschrauber: Rettungsschlinge unter den Armen um den Oberkörper legen, den Anweisungen der Retter folgen.
● *Ist keine Hilfe zu erwarten,* müssen Sie sich entscheiden: Wenn trotz Wind, Seegang und Strömung Aussicht besteht, paddelnd das Ufer zu erreichen, nutzen Sie Ihre Chance, ohne Zeit zu verlieren. Lassen Sie unbedingt das Rigg zurück. Paddeln mit Rigg kostet unnötig viel Kraft und kann Sie beim Paddeln deshalb in einer Notsituation lebensbedrohlich behindern.
● Paddeln Sie auf dem schnellsten Wege zum Ufer: Bei ablandiger Strömung aber keinesfalls direkt gegen die Strömung paddeln, sondern die Strömung seitlich queren, auch wenn dadurch der Weg zurück länger wird.

Notsignal: Heben und Senken der seitlich ausgestreckten Arme

Notstopp

Schon mit Ihrem ersten Start auf freiem Wasser gehören Sie zu den Verkehrsteilnehmern. Sie müssen die Ausweichregeln kennen und beachten und Ihr Brett auch so beherrschen, daß Sie es jederzeit und schnell zum Stehen bringen können. Dazu gibt es eine weniger elegante als wirkungsvolle Möglichkeit:
Legen Sie Ihr Rigg rechtzeitig und schnell nach Lee ab, und drücken Sie es zusätzlich mit dem ganzen Körpergewicht ins Wasser. Dafür benötigen Sie jedoch reichlich Platz in Lee, und Sie müssen Ihr Segel anschließend wieder mühsam aus dem Wasser ziehen.
Diese Nachteile vermeiden Sie, wenn Sie mit dem aufgestellten Rigg dadurch bremsen, daß Sie es mit Körperdrehung weit nach vorn drehen, so daß der Wind von der falschen Seite das Segel erfassen kann. Das Segel „steht back", heißt das. Und das ganze Manöver: „Notstopp durch Backhalten des Segels". Sie drücken bei diesem Manöver gegen das Segel mit einer Haltung, als ob Sie einen Wagen anschieben würden. Wenn Sie das Segel dann ständig backhalten, dreht der Bug unter dem Segel durch. Diese Fortsetzung des Notstopps mit Brettdrehung in die entgegengesetzte Richtung heißt „Stopphalse".

Wenn ein ausweichpflichtiges Fahrzeug seinen Kurs beibehält, dürfen Sie die Vorfahrt nicht erzwingen. Notstopp durch Backhalten des Segels (oben) oder Rigg nach Lee aufs Wasser drücken (rechts)

Sicherheit beim Surfen

Diese Grundregeln für das richtige Verhalten auf dem Wasser sind zwar nur zum Teil gesetzliche Bestimmungen, die Einhaltung aller Regeln trägt jedoch zu mehr Sicherheit beim Surfen bei. Befolgen deshalb auch Sie gewissenhaft diese Hinweise.

Machen Sie sich mit den örtlichen Verhältnissen und Regeln vertraut: Surfbeschränkungen, typische Windverhältnisse, Strömungen, Verkehrswege der Berufsschiffahrt. Auskunft erhalten Sie z. B. bei Surf- oder Segelschulen, Kurverwaltungen, Gemeindeverwaltungen, Wasserschutzpolizei, Rettungsstationen.

Informieren Sie sich über die Wetterentwicklung durch Zeitung, Radio, Fernsehen oder telefonische Ansagedienste der Post. Lassen Sie sich vor Ort Zeit, Wind und Wetter richtig einzuschätzen. Gehen Sie keinerlei Risiko ein bei starkem ablandigem Wind. Die Fehleinschätzung der Gefahren ablandigen Windes ist die Hauptursache für Seenotfälle.

Tragen Sie angemessene Kälteschutzbekleidung. Unterkühlung kann lebensgefährlich sein. Bei warmer Witterung bietet ein Surfanzug auch Schutz vor übermäßiger Sonneneinstrahlung. Eine geeignete Schwimmweste erhöht zusätzlich die Sicherheit im Notfall.

Überprüfen Sie Ihr Material vor jeder Ausfahrt. Brett und Rigg müssen stets in einwandfreiem Zustand sein. Schwert und Finne müssen auf sicheren Sitz überprüft werden, die Tampen am Rigg dürfen keine Scheuerstellen aufweisen. Nehmen Sie stets einen Ersatztampen von mindestens 6 m Länge mit.

Verbinden Sie Brett und Rigg mit einer Sicherheitsleine (Fangleine). Sie muß unter allen Umständen eine stabile Verbindung zwischen Brett und Rigg garantieren, sie muß daher ausreichend stark (5 bis 6 mm) sein. Die Sicherheitsleine wird am besten zwischen Bug und Mastfuß befestigt.

Fahren Sie nie ohne Wissen anderer allein auf größeren Gewässern. Informieren Sie Freunde oder Bekannte über die Planung längerer Touren. Surfen Sie stets in Begleitung anderer, und stellen Sie sicher, daß Ihretwegen nie unnötige Rettungsaktionen eingeleitet werden. Vergessen Sie nicht, sich zurückzumelden.

Meiden Sie Uferabschnitte mit starkem Badebetrieb; in Badezonen ist Surfen verboten. Halten Sie sich auch fern von Wasserflächen mit starkem Berufsschiffahrtsverkehr, und surfen Sie nicht im Nahbereich von Häfen und Anlegestellen.

Überschätzen Sie Ihre eigenen Kräfte nicht. Wählen Sie Ihre Segelgröße mit Bedacht, und legen Sie Pausen an Land ein. Hören Sie nicht erst auf, wenn Sie total erschöpft sind. Erschöpfung bei ungünstigen Wetterverhältnissen läßt Sie mit Sicherheit zu einem Seenotfall werden.

Bewahren Sie die Übersicht in einer Notsituation:
- beim Brett bleiben,
- nach Möglichkeit an Land paddeln.

Andernfalls:
- Notsignal geben,
- Rigg als Treibanker behalten.

Ihr Brett ist Ihre Rettungsinsel.

Ihr Fahrkönnen muß den Revieranforderungen und den Windverhältnissen entsprechen. Sie müssen unter allen Umständen in der Lage sein, die Ausweich- und Stoppmanöver deutlich und sicher durchzuführen. Halten Sie die Fahrregeln stets ein:
- Steuerbordbug weicht Backbordbug,
- Luv weicht Lee,
- Überholer hält sich frei.

Surfen Sie stets in Begleitung anderer, bleiben Sie in Ufernähe

GHAWDEX

Verkehrsbestimmungen auf dem Wasser

Wer sich mit dem Verkehr auf dem Wasser noch nie beschäftigt hat, wird für die abgebildete Situation kaum richtig entscheiden können, wer ungehinderte Durchfahrt hat und wer Platz machen muß. Zwar ist der Größenunterschied zwischen dem Fährschiff und den beiden Surfern beeindruckend und überzeugend, jedoch spielt die Größe des Schiffes für die Verkehrsbestimmungen auf dem Wasser nicht unbedingt eine Rolle. Welche Fahrzeuge überhaupt am Wasserverkehr teilnehmen dürfen, ob für sie bestimmte besondere Rechte und Pflichten gelten oder wie sie einander auszuweichen haben, richtet sich danach, ob es sich um das offene Meer, den Küstenbereich oder um Binnengewässer handelt.

Schiffahrtsordnungen

Auf dem offenen Meer gelten die international vereinbarten *Kollisionsverhütungsregeln* (KVR). In den Küstengewässern ergänzen nationale Regelungen die KVR. Für die Bundesrepublik Deutschland sind dies die *Seeschiffahrtsstraßen-Ordnung* (SeeSchStrO) und die *Schiffahrtsordnung Emsmündung*. Die SeeSchStrO gilt etwa im Bereich der Dreimeilenzone (Mecklenburg-Vorpommern = 12 Seemeilen) vor der Küste und innerhalb genau festgelegter Grenzen für schiffbare Flußmündungen. Die Schiffahrtsordnung Emsmündung gilt im Mündungsgebiet der Ems und auf der Leda. Jenseits dieser Begrenzungen beginnt der Geltungsbereich der *Binnenschiffahrtsstraßen-Ordnung* (BinSchStrO) für die Binnenschiffahrtsstraßen und Kanäle, soweit dort nicht andere Verordnungen gelten (Rhein-, Mosel-, Donauschiffahrtspolizeiverordnung). Binnenschiffahrtsstraßen, Rhein, Mosel und Donau zählen zu den *Bundeswasserstraßen*. Darüber hinaus gibt es die internationale *Bodensee-Schiffahrtsordnung* und die *Verordnungen* der einzelnen Bundesländer oder der Landes- und Kommunalbehörden *für Landesgewässer*.
Die Besonderheiten der jeweiligen Ordnungen beziehen sich meist auf Eigenarten der Gewässer. Die Ordnungen für größere Binnenseen wie die Talsperren in Nordrhein-Westfalen, die schleswig-holsteinischen, niedersächsischen, mecklenburgischen oder bayerischen Seen regeln in unterschiedlicher Weise die Nutzungsmöglichkeiten für Surfer, die allgemeinen Verkehrsregeln stimmen jedoch überein. Auch auf Privatgewässern (zum Beispiel den „Baggerseen") gelten – soweit nicht ausdrücklich etwas anderes bekanntgegeben ist – die allgemeinen Regeln der BinSchStrO.

Wegen der unterschiedlichen Bestimmungen für die einzelnen Gewässer müssen Sie sich erkundigen, welche Vorschriften im einzelnen für Surfer gelten, insbesondere ob und gegebenenfalls wann und wo ein Surfverbot besteht, wo genehmigte Zugangsstellen sind und wo Naturschutzgebiete angrenzen, ob ein Befähigungsnachweis verlangt wird und ob bestimmte Fahrzeuge besondere Vorfahrtrechte haben.

Zuverlässige Informationen zu den revierspezifischen Regelungen erhalten Sie am ehesten bei ortsansässigen Segel- und Windsurfvereinen oder -schulen, sonst bei der Wasserschutzpolizei, den Wasser- und Schiffahrtsdirektionen (für den Küstenbereich) oder bei den entsprechenden Dienststellen und Verwaltungen auf kommunaler Ebene.
Wenn Sie sich über die jeweils geltenden Vorschriften informieren, sollten Sie sich auch fragen, ob es sinnvoll ist, jede Wasserfläche zu nutzen, auf der Sie surfen dürfen: Alle Gewässer, die vorrangig und intensiv von der Berufsschiffahrt genutzt werden, sollten Sie grundsätzlich meiden.
Es gibt auch gute Gründe, die Begegnung mit wesentlich größeren Fahrzeugen auf dem Wasser zu meiden.
Bei großen Schiffen, wie der Fähre bei Comino (Malta) auf dem Foto, können Windschatten und Schraubensog sowie die großen Bug- und Heckwellen zur lebensbedrohenden Gefahr werden, wenn man ihnen zu nahe kommt. Und vor allem: Auf dem Wasser gibt es keine Bremsen. Große Schiffe haben einen Anhalteweg von mehreren hundert Metern und deshalb keine Möglichkeit, einem Surfer auszuweichen oder rasch zu stoppen. Hinzu kommt, daß ein dicht vorbeifahrender Surfer von der Brücke eines Großschiffes gar nicht zu sehen ist, er gerät in den toten Winkel.

Fahrverbote für Surfer

Im *Küstenbereich* sind die Schiffahrtswege besonders gekennzeichnet. Diese *Fahrwasser* (Schaubild rechts) dürfen von Surfern grundsätzlich nicht befahren, auch nicht gequert werden. Lediglich einige kleinere Wattfahrwasser an der Nordseeküste sind hiervon ausgenommen, dürfen jedoch auch nur auf kürzestem Wege gequert werden. Ferner ist das Surfen in *Häfen* und im 200-m-Bereich von *Hafeneinfahrten,* auf *Reeden* (Schiffsliegeplätzen) und allen *Kanälen* verboten. Befahrensverbote bestehen darüber hinaus auf allen durch Sichtzeichen entsprechend markierten Wasserflächen und dort, wo es durch amtliche Bekanntmachungen verfügt ist. Dies gilt zum Beispiel für *Badezonen, Anlegestellen* für Fähren, Gebiete mit *Fischernetzen* oder *Reusen.*
Im *Binnenbereich* ist zwar das Surfen im Fahrwasser nicht generell verboten, jedoch ist wegen der damit verbundenen Gefährdung dringend davon abzuraten. Fahrverbot besteht wie an der Küste auf den *Kanälen,* in *Fischereigebieten* und *Badezonen.* Darüber hinaus sind in den jeweiligen Ordnungen für die einzelnen Gewässer gelegentlich Teile der Wasserfläche und des Ufers ganz oder mit *jahreszeitlichen Beschränkungen* für Surfer gesperrt, oft aus Naturschutzgründen. Für Surfer besteht keine Möglichkeit, ihr Gerät vorschriftsmäßig nachts oder bei unsichtigem Wetter zu beleuchten, deshalb ist Surfen *nachts* (zwischen Sonnenuntergang und Sonnenaufgang) und *bei schlechter Sicht* verboten.

Sichtzeichen an der Küste

Die hier abgebildeten Sichtzeichen nach der SeeSchStrO können bereits im Ufernahbereich verlegt sein, wo sie

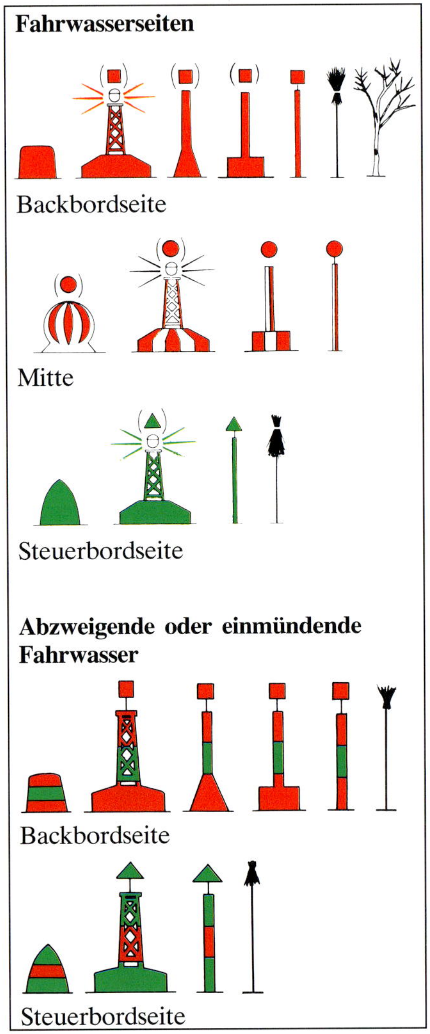

Fahrwasserbetonnung von See aus

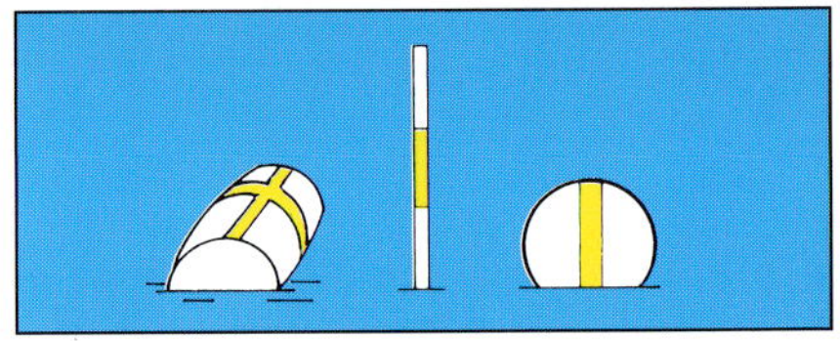
Badezone

Sperrgebiete

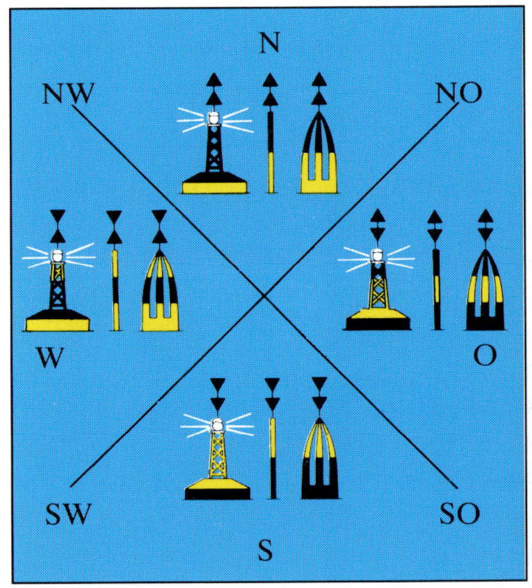

Untiefen

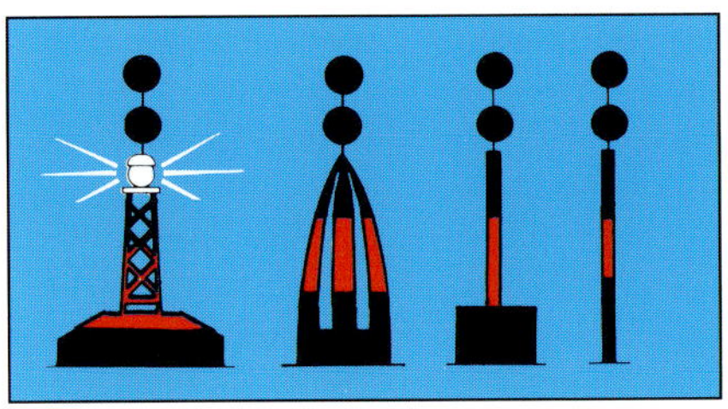
Einzelgefahrstellen

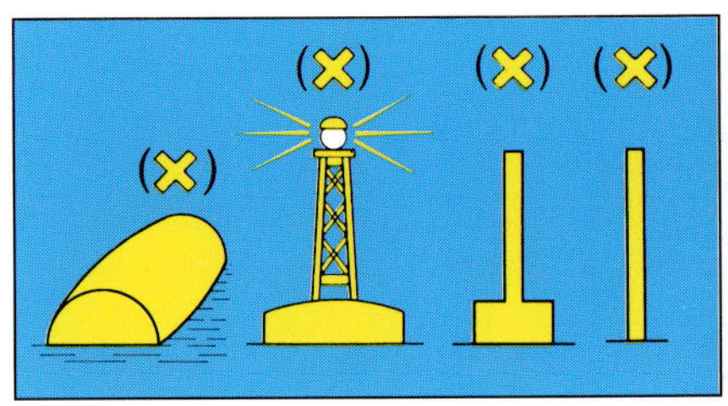
Warngebiete und Warnstellen

Schallsignale (BinSchStrO)

kurzer Ton: etwa eine Sekunde
langer Ton: etwa vier Sekunden

Tonfolge	**Bedeutung**
■	Achtung
●	Kursänderung nach Steuerbord
● ●	Kursänderung nach Backbord
● ● ●	Maschine geht rückwärts
● ● ● ●	Fahrzeug ist manövrierunfähig
● ● ● ● ●	Überholen nicht möglich
■ ●	Wenden über Steuerbord
■ ● ●	Wenden über Backbord
■ ■ ● ●	Überholen an der Backbordseite
■ ■ ●	Überholen an der Steuerbordseite
● ■ ● ■ ● ■	Abwechselnde Kurz-lang-Tonfolge: Bleib-weg-Signal, Explosions- und Katastrophengefahr
● ● ● ● ● ● ●	Folge sehr kurzer Töne: Gefahr eines Zusammenstoßes

ıuch für Surfer von Bedeutung sind.
n Sperrgebiete darf nicht eingefahren verden, von Warngebieten soll ein ausreichender Abstand gehalten verden.
3adezonen sind an der Küste häufig ıur mit Bojenketten (Schwimmleinen nit weißen oder roten Bojen) markiert. Sie sollten genauso beachtet verden wie Absperrungen mit den Sichtzeichen nach der SeeSchStrO.

Verhalten auf dem Wasser

Alle Fahrzeuge auf dem Wasser nüssen „unter der Führung einer geeigneten Person stehen". Dieser „Schiffsführer" ist verantwortlich lafür, daß er die für ihn beziehungsveise sein Fahrzeug geltenden Vorschriften kennt und einhält.
Voraussetzung dafür ist natürlich, daß ler Umgang mit dem Fahrzeug sicher beherrscht wird – bezogen auf den Surfer betrifft das die Manöver sowie lie Ausweich- und Anhaltetechniken.
Surfer haben ebenso wie andere „Schiffsführer" alle Vorsichtsmaßnahmen zu treffen, welche die Behinderung der Schiffahrt, die Beschädigung anderer Fahrzeuge und von Anlagen wie Seezeichen, Tafeln usw. oder die Gefährdung von Menschenleben vermeiden helfen.
Dazu gehört auch die persönliche geistige und körperliche Fitneß.
Alkohol oder andere Rauschmittel und bestimmte Medikamente schränken die Fähigkeiten zur Fahrzeugführung teilweise oder vollständig ein.
Mißachtung kann nicht nur bei einem Unfall schwere Folgen haben, sondern auch zum Entzug einer Fahrerlaubnis führen.
Der Zustand Ihrer Surfausrüstung muß so einwandfrei sein, daß nicht etwa wegen schadhaften Materials Bergungsaktionen erforderlich werden.
Bedenken Sie, daß Sie durch Nachlässigkeit auch Ihre Retter gefährden können.

Die Grundregel für das Verhalten auf dem Wasser lautet: Jeder Verkehrsteilnehmer hat sich so zu verhalten, daß die Sicherheit und Leichtigkeit des Verkehrs gewährleistet ist und daß kein anderer geschädigt, gefährdet oder mehr als nach den Umständen unvermeidbar behindert oder belästigt wird.

Hilfeleistung ist Pflicht

Hilfeleistung ist nicht nur eine sportliche und moralische, sondern auch eine gesetzliche Verpflichtung. Sie wird nur dadurch eingegrenzt, daß nicht die eigene Sicherheit aufs Spiel gesetzt werden muß, wenn Menschenleben in Gefahr sind.
Sind Sie selbst nicht in der Lage, Beistand zu leisten, dann benachrichtigen Sie umgehend die Polizei oder eine andere geeignete Institution.

Fahrregeln
Allgemeine Hinweise

Die Verkehrsregelung auf dem Wasser erfolgt nach Fahrregeln, die gegenüber dem Straßenverkehr eine Besonderheit haben: Es sind *Ausweichregeln,* nicht nur Vorfahrtregeln. Damit ist gesagt, daß bei einer Begegnung oder einem Überholmanöver beide betroffenen Fahrzeuge Fahrtrichtung und Fahrgeschwindigkeit der Situation anpassen müssen.
Bei den Fahrregeln ist zwischen *einheitlich* für alle Wasserflächen geltenden, den *besonderen* Bestimmungen der Schiffahrtsstraßen-Ordnungen und sonstigen Regelungen zu unterscheiden.
Surfer sind – soweit nicht für einzelne Reviere Sonderbestimmungen gelten – von Vorschriften über Fahrtrichtung und Fahrgeschwindigkeit betroffen im Rahmen der *allgemeinen Sorgfaltspflicht:*
Alle Wasserfahrzeuge sollen voneinander einen ausreichenden Abstand halten. Für Surfer muß der Abstand mindestens eine, besser zwei Mastlängen betragen. Kurs- und Geschwindigkeitsänderungen sollen so vorgenommen werden, daß andere Fahrzeuge dadurch nicht behindert werden. Die Fahrgeschwindigkeit ist so einzurichten, daß das Fahrzeug jederzeit der Verkehrslage entsprechend ausweichen und nötigenfalls gestoppt werden kann. Mehrere rasch aufeinanderfolgende Kurs- und Geschwindigkeitsänderungen – wie zum Beispiel ein „Halsenslalom" beim Surfen – sollen in der Nähe anderer Fahrzeuge vermieden werden, damit es nicht zu Fehleinschätzungen über einen möglichen Kollisionskurs kommt.
Grundsätzlich gilt für die Fahrregeln: *Faires Verhalten* ist auf dem Wasser genauso selbstverständlich und wichtig wie im Straßenverkehr.

Ausweichregeln

Für die meisten Wasserfahrzeuge gilt: Auf dem Wasser gibt es keine Bremsen. Statt dessen müssen Ausweichmanöver gefahren werden. Gerade weil das schnelle Anhalten wie bei einer „Vollbremsung“ mit dem Auto für Wasserfahrzeuge fast unmöglich ist, müssen Sie die Regeln für die Ausweichmanöver genau kennen und einhalten. Wichtiger Unterschied zu den Ihnen bekannten Vorfahrtsregelungen im Straßenverkehr ist auf dem Wasser demnach das Prinzip der *Ausweichpflicht* für denjenigen, der keine Vorfahrt hat, und der *Kurshaltepflicht* für denjenigen, der *Wegerecht* (Vorfahrt) hat. Wenn Fahrzeuge auf dem Wasser aufeinander zufahren (Kollisionskurs) und gleichzeitig in dieselbe Richtung ausweichen, kann ein Zusammenstoß unvermeidlich sein. Das kurshaltepflichtige Fahrzeug muß daher seine Fahrtrichtung unbedingt beibehalten, wenn das Ausweichmanöver des ausweichpflichtigen Fahrzeuges erfolgt.

Ausweichmanöver führen hinter dem Heck des Kurshaltepflichtigen vorbei mit ausreichendem Sicherheitsabstand.

Selbstverständlich dürfen Sie Ihre Vorfahrt nicht erzwingen. Es kann sein, daß der andere Sie gar nicht gesehen hat oder die Regeln nicht kennt. Machen Sie im Zweifel das andere Fahrzeug rechtzeitig durch lauten Zuruf auf seine Ausweichpflicht aufmerksam. Wenn das nichts hilft, weichen Sie selbst aus, oder stoppen Sie Ihr Brett („Manöver des letzten Augenblicks“). Wenn Sie selbst keine Vorfahrt haben und ausweichpflichtig sind, müssen Sie Ihren Kurs so rechtzeitig und deutlich ändern, daß Ihr Ausweichen klar erkennbar ist. Unbedingt müssen Sie dabei auch die Richtung beibehalten, in die Sie ausweichen, sonst kann es wieder zu folgenschweren Mißverständnissen kommen.

Als Grundregel für alle Ausweichmanöver gilt:
rechtzeitig
entschlossen
deutlich

Maschinenfahrzeuge sind gegenüber Segelfahrzeugen ausweichpflichtig
Bei den Ausweichregeln sind Surfer und Segler gleichgestellt.

Wichtig: Im Ausland gibt es zum Teil andere Bestimmungen, wonach Surfer uneingeschränkt allen anderen Wasserfahrzeugen auszuweichen haben.

Kleinfahrzeuge sind ausweichpflichtig.
Auf den deutschen und den meisten europäischen *Binnengewässern* zählen Surfer zu den *Kleinfahrzeugen*, die größeren Maschinenfahrzeugen ausweichen müssen, und zwar möglichst nach Steuerbord. Kleinfahrzeuge sind gemäß BinSchStrO alle Wasserfahrzeuge von weniger als 20 m Länge. *Vorfahrtberechtigt* sind in jedem Fall im Einsatz befindliche Fahrzeuge der Polizei und Rettungsfahrzeuge sowie nicht frei fahrende Fähren. Ausweichpflicht besteht ferner gegenüber fischenden, manövrierbehinderten und manövrierunfähigen Fahrzeugen. Diese Fahrzeuge sind besonders gekennzeichnet. Als Surfer sollten Sie den Fahrzeugen der Berufsschiffahrt grundsätzlich ausweichen.

Fahrzeuge ohne eigenen Antrieb sind gegenüber Segelfahrzeugen ausweichpflichtig.
Nach dieser Regel wären alle muskelbetriebenen Fahrzeuge zum Ausweichen gezwungen. Ob die Betroffenen freilich überhaupt die Regel kennen oder in der Lage sind, ihre Fahrtrichtung kurzfristig zu ändern, ist fraglich. Stellen Sie sich einen Ruder-Achter vor, der aus seiner schnellen Geradeausfahrt plötzlich Ihretwegen einen „Haken“ schlagen muß. Es ist sicher ein Zeichen von Fairneß und Höflichkeit im Verkehr auf dem Wasser, wenn Sie mit Ihrem wendigen Brett trotz Vorrecht Rücksicht gegenüber Paddlern, Tret- und Ruderbooten üben. Während einer Ruderregatta haben die teilnehmenden Boote Vorrang, oft ist die Strecke für andere gesperrt.

Für Segelfahrzeuge untereinander gilt:
1. Steuerbordbug weicht Backbordbug – Haben Segelfahrzeuge den Wind nicht von derselben Seite, muß das Fahrzeug, das den Wind von Backbord hat, dem anderen Fahrzeug ausweichen. Backbord ist in Fahrtrichtung gesehen die linke, Steuerbord die rechte Seite des Fahrzeugs. Auf Backbord- oder Steuerbordbug surfen heißt: das Segel auf der linken oder rechten Seite führen.
Kurzform und amtlicher Text bedeuten dasselbe: Ein Segelfahrzeug, das den Wind von Backbord bekommt, hat das Segel auf der Steuerbordseite und ist ausweichpflichtig; das Boot mit Wind von Steuerbord hat das Segel auf der Backbordseite und ist kurshaltepflichtig. Verwechseln Sie aber nicht:

Wind von Backbord bedeutet Ausweichpflicht.
Segel auf Backbord bedeutet Kurshaltepflicht.

2. Luv weicht Lee
– Haben Segelfahrzeuge den Wind von derselben Seite, muß das luvseitige Fahrzeug dem leeseitigen Fahrzeug ausweichen. Auf Kursen nahe Vorwind kann das Segel wahlweise auf Backbord oder Steuerbord gefahren werden, Lee- und Luvseite müssen dafür gesondert definiert werden:
Bei Segelbooten ist die Leeseite diejenige, auf der das Großsegel gesetzt ist. Bei Surfern ist das sinngemäß die Seite, zu der das Schothorn zeigt.

3. Überholer halten sich frei
Für Surfer ist ein angemessener Sicherheitsabstand mindestens eine Mastlänge. Diese Regel gilt nicht nur für Segelfahrzeuge (Surfer) untereinander, sondern für alle Wasserfahrzeuge.

Überholer halten sich frei

Zum Überholen nach Luv ausscheren und Abstand halten

Segel auf Steuerbord: Ausweichpflicht
Segel auf Backbord: Kurshaltepflicht

Der Surfer links im Bild ist kurshaltepflichtig (Segel auf Backbord), die beiden anderen müssen ausweichen

Wer von Luv kommt, ist ausweichpflichtig
Wer in Lee fährt, ist kurshaltepflichtig

Der Surfer rechts (Segel auf Steuerbord) muß den beiden anderen, der Surfer links (kommt von Luv) muß dem mittleren ausweichen. Dieser ist kurshaltepflichtig

Wo lerne ich windsurfen?

Allgemeines zu Surfrevieren

Windsurfen ist unabhängig von aufwendigen Bootsanlagen und festen Liegeplätzen. Das Gerät können Sie problemlos auf dem Autodach transportieren, leicht und schnell auf- und wieder abbauen. Wünschenswert sind lediglich eine Parkgelegenheit – nicht allzuweit von einer Zugangsstelle zum Wasser entfernt – und ein Platz im Uferbereich, wo man das Surfbrett auf- und abbauen kann. Daher kommen alle Gewässer in Frage, die für Wassersport freigegeben sind, wo also nicht ausdrücklich Bade- oder Surfverbot (Seite 68) besteht.

In der Regel können Sie davon ausgehen, daß ein Gewässer immer dann zum Windsurfen für Sie in Frage kommt, wenn bereits Segler oder Surfer dort sind. Es kann allerdings sein, daß die Nutzung des Gewässers mit bestimmten Auflagen verbunden ist: z. B. daß eine *Nutzungsgebühr* entrichtet werden muß, daß zu *bestimmten Zeiten* das Gewässer nicht befahren werden darf, daß nur *bestimmte Zugänge* benutzt werden dürfen oder daß ein *Mindest- oder Höchstabstand* zum Ufer eingehalten werden muß. Teile des Ufers, des Gewässers selbst und des Umlandes können unter *Naturschutz* stehen. Unabhängig davon sind Beschädigungen der Ufer- und Flachwasservegetation unbedingt zu vermeiden (vergleiche Abschnitt „Natur und Umwelt“, Seite 80).

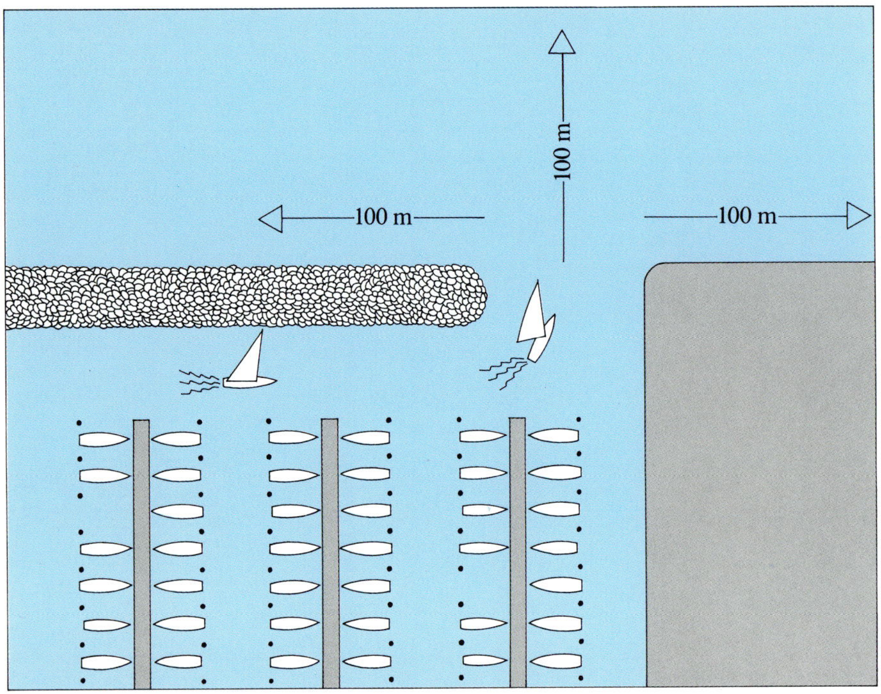

Informationspflicht

Bevor Sie sich zum Surfen auf einem Gewässer entschließen, müssen Sie sich informieren, ob und welche Auflagen bestehen.

Mißachtung von Revierbeschränkungen kann mit hohen Geldstrafen belegt werden.

Zuverlässige Auskünfte werden Sie dazu über Aushänge, Ge- und Verbotstafeln oder von den zuständigen Behörden oder Eigentümern erhalten.
Ein Tip: Fragen Sie zusätzlich andere Surfer, die das Revier kennen und wissen, was an Besonderheiten zu beachten ist.
Spaziergänger oder Zuschauer können Ihnen hingegen selten weiterhelfen (es sei denn, sie sind selbst aktive Surfer oder Wassersportler).
Windsurfen ist nur dann ein ungefährlicher Sport, wenn Sie die Besonderheiten Ihres Surfreviers berücksichtigen.
Wenn Sie die folgenden Informationen *nicht* einholen oder *nicht* beachten, brauchen Sie zwar kaum mit einer Geldstrafe zu rechnen, aber – was viel wichtiger ist – Sie gefährden vielleicht Ihre Gesundheit, riskieren einen Schaden am Brett oder sogar dessen Verlust:

Mindestens 100 m, an der Küste 200 m Abstand von Hafeneinfahrten halten

● Gibt es in dem Gewässer Strömungen – etwa durch Zu- und Abflüsse bei Binnengewässern oder durch Ebbe und Flut (Gezeiten) an der Küste?
● Gibt es lokal regelmäßig sich verändernde Windrichtungen mit unterschiedlichen Windstärken?
● Gibt es Untiefen (Sandbänke, unter Wasser liegende Felsen oder ähnliches)?

Welche Reviere eignen sich besonders zum Lernen und Üben für Anfänger?

Windsurfen ist bereits auf kleinen Wasserflächen von nur wenigen hundert Metern Durchmesser möglich, da Surfbretter nicht nur zu den kleinsten, sondern auch zu den wendigsten Wasserfahrzeugen gehören. In den Gebieten der Bundesrepublik, wo die Küsten von Nordsee und Ostsee oder wo größere Binnengewässer ein oder gar mehrere Fahrstunden mit dem Auto entfernt sind, werden daher selbst kleinste Binnengewässer (stillgelegte Baggerseen) zu beliebten „Sportstätten“ für Surfer.

Für Sie als Anfänger haben kleine Binnenreviere den Vorteil, daß sie überschaubar sind. Selbst wenn Sie in den ersten Übungsstunden abgetrieben werden und noch nicht wieder dahin zurückzufahren imstande sind, wohin Sie möchten, ist ein Ufer stets in „Reichweite“, so daß Sie auch zu Fuß Ihren Ausgangspunkt erreichen können.

Gelegentlich sind Wassersportreviere so intensiv genutzt von Seglern, Surfern, Kindern mit Luftmatratzen oder Schlauchbooten und Badenden,

Überfüllter Uferbereich – für erste Übungen nicht geeignet

Windsurfen ist schon auf sehr kleinen Wasserflächen möglich

daß Sie für Ihre ersten mit häufigerem „Absteigen" verbundenen Versuche kaum genügend Platz haben.
Hochbetrieb gibt es an großen Binnenseen oder an der Küste vor allem im Ufernahbereich.
Als Anfänger sollten Sie trotzdem möglichst in Ufernähe bleiben (Rufweite).
Besonders günstig ist es, wenn das Wasser so flach ist, daß Sie noch stehen können. Auch das Aufsteigen auf das Brett ist in flacherem Wasser anfangs leichter. Günstig ist dafür ein Sandstrand oder ein Ufer ohne Felsen.
Wo Flachwasservegetation bis zum Ufer reicht, weichen Sie bitte in schwimmtiefes Wasser aus, weil sonst Pflanzen- und Tierleben auf Dauer zerstört werden können.

Wind und Wellen

Der Übungsplatz sollte vor größeren Wellen geschützt liegen, denn Wellen sind für Ihre ersten Versuche, bei denen Sie vielleicht ohnehin noch Probleme mit dem Gleichgewicht haben, besonders unangenehm. Davor sind Sie am ehesten sicher in einer geschützten Bucht.
Da Wellen aber in der Regel durch Wind entstehen, sollten Sie die Zusammenhänge ein wenig kennen.
Es kann durchaus sein, daß Sie auf Ihrem Revier einmal ganz glattes Wasser in Ufernähe haben, obwohl Ihnen der Wind ganz schön in den Haaren zaust. Dies ist typisch bei Wind, der vom Land aufs Wasser weht, er ist „ablandig".
Ablandiger Wind kann in zweierlei

Hinsicht gefährlich werden; nicht nur für die ersten Stehversuche, sondern für Surfer allgemein:

● Ablandiger Wind wird immer unterschätzt. Unter Land, im Schutz von Bäumen, Häusern und sogar vom Ufer, wird er abgebremst und abgelenkt (Abdeckung). Da sich Wellen erst weitab vom Ufer aufbauen, kann man aus dem Wellenbild keine Rückschlüsse ziehen.

● Ablandiger Wind treibt ab! Bei jedem Sturz, bei jeder Erholungspause entfernen Sie sich rasch immer weiter vom Ufer.
Und je weiter man sich vom Ufer entfernt, desto stärker wird der Wind. Die Wellen werden höher.

Glattes Wasser am Ufer darf deshalb für den Surfer kein Zeichen für optimale Bedingungen sein, die dazu verleiten, mit dem größten Segel und ohne Sicherheitsvorkehrungen aufs Wasser zu stürzen.
Wenn Sie also an Land Wind spüren, in Ufernähe aber keine Wellen feststellen, dann muß das für Sie das Signal sein, *nicht* oder nur dann auszupacken, wenn erfahrene Freunde in der Nähe sind, wenn Sie die Möglichkeit haben, im Notfall in Windrichtung ein Ufer zu erreichen oder wenn Sie in Ihrer Bucht genügend Bojen haben, an denen Sie sich jederzeit anbinden können, wenn es nicht mehr klappt.
Weht der Wind aufs Land – „auflandiger" Wind –, dann können Sie ungefährdet loslegen. Bei dieser Windrichtung müssen Sie allerdings in Kauf nehmen, daß am Ufer stets Wellen sind.
Wenn Sie nach *idealen* und *ungefährlichen* Windrichtungen für das Surfen fragen, dann wird Ihnen jeder Surfer sagen, daß bei Wind parallel zum Ufer oder schräg auflandig am wenigsten passieren kann. Und an Binnengewässern wie auch an der Küste ist es meist möglich, eine günstige Windrichtung zum Ufer auszuwählen und ablandigen Wind zu meiden, indem Sie die richtige Ablegestelle anfahren.
Bei ablandigem Wind am offenen Meer sollten Sie als Anfänger gar nicht erst aufriggen. Dieser Rat wird gestützt durch die Statistik der DLRG: 90 %

aller Rettungseinsätze für den Surfsport an der Küste galten Surfern, die bei ablandigem Wind vor Erschöpfung aufgeben mußten, nachdem sie vergeblich versucht hatten, aus eigener Kraft gegen den Wind ans Ufer zurückzukommen.
Versuchen Sie, in Ihrem Surfrevier einen Uferbereich auszuwählen, der folgenden Idealbedingungen möglichst nahekommt:

Ideale Anfängerbedingungen:
Sand- oder Kiesstrand
hüfttiefes Wasser im Uferbereich
vor Wellen geschützt (Bucht)
keine Strömungen
wenig Betrieb
Wassertemperatur über 18°C
warmes, sonniges Wetter
leichter Wind
Wind von parallel zum Ufer bis auflandig

Die Malediveninsel Reethi Raa: exotisches Revier mit idealen Anfängerbedingungen

Strömungen und Gezeiten

Strömungen können in Binnengewässern nur durch Zu- und Abflüsse entstehen. Vom Ufer aus sind sie oft nicht zu erkennen, nur bei starker Strömung bilden sich die typischen Strudel und Schlieren an der Wasseroberfläche. Sicher kann man nur sein, wenn man sich genau erkundigt.
An der Küste entstehen Strömungen durch langanhaltenden, starken Wind und durch die Gezeiten, den Wechsel von Ebbe und Flut. Gezeiten sind sehr großräumige Schwingungen der Wassermassen in den Ozeanen, die durch den Einfluß des Mondes und auch der Sonne auf das Schwerkraftfeld der Erde ausgelöst werden.

Gezeiten: Hebungen und Senkungen des Meeresspiegels
Tide: einzelne Gezeit, bestehend aus Flut und nachfolgender Ebbe (etwa 12 ½ Stunden)
Hochwasser: höchster Wasserstand einer Tide
Niedrigwasser: niedrigster Wasserstand zwischen zwei aufeinanderfolgenden Tiden
Flut: Steigen des Wassers von einem Niedrigwasser bis zum folgenden Hochwasser (etwa 6 ¼ Stunden)
Ebbe: Fallen des Wassers von einem Hochwasser bis zum folgenden Niedrigwasser (etwa 6 ¼ Stunden)
Tidenhub: gemittelter Wert aus dem Stieg und dem Fall einer Tide

In den europäischen Surfrevieren treten Ebbe und Flut an den Küsten des Atlantiks und der Nordsee auf, weniger im Mittelmeer und an der Ostsee. Deren Verbindungen zu den großen Ozeanen sind so schmal, daß sich die Gezeitenschwingungen dorthin kaum wahrnehmbar übertragen.
Wasserstandsschwankungen werden hier vor allem durch langanhaltenden, starken Wind ausgelöst. Dies führt an der Ostseeküste zu Pegelunterschieden von bis zu 1 m, die innerhalb von 24 Stunden eintreten können.
Abhängig von der geographischen Lage schwankt der Tidenhub an der deutschen und niederländischen Nordseeküste zwischen 1,70 m und 3,50 m. Die während einer Tide auf- und ablaufenden Wassermassen bringen Strömungen mit sich, die in flach ansteigenden Küstenbereichen (Wattenmeer) sehr stark sein können. Die unterschiedliche Grundbeschaffenheit im Wattgebiet und das ständig auf- beziehungsweise ablaufende Wasser führen stellenweise zu tiefen Auswaschungen. Es entstehen Gräben, sogenannte *Priele,* von zum Teil beachtlicher Breite und Tiefe, in denen das Wasser bei Flut zu-, bei Ebbe mit starker Saugwirkung abgeführt wird. Für Surfer bedeuten Priele wegen der vorhandenen Strömungen immer eine mögliche Gefahr. Die Strömungsgeschwindigkeit kann 4 km/h und mehr erreichen. In nur 15 Minuten kann man also 1 km weit durch die Strömung abgetrieben werden; erheblich weiter, wenn zusätzlich starker Wind in Strömungsrichtung weht.
Müssen Sie gegen den Wind kreuzen, um Ihr Fahrtziel zu erreichen, sollten Sie Priele, auch auf Kosten eines Umwegs, besser meiden.
Priele, Untiefen oder Inseln können je nach Gezeitenstand die Strömungsrichtung so stark ablenken, daß sie parallel zum Strand verläuft.
Wenn Sie in Tidengewässern ungefährdet surfen wollen, wählen Sie den Zeitraum von 2 Stunden vor beziehungsweise nach Hochwasser und Niedrigwasser. Dann ist der Tidenstrom nur schwach und kommt, wenn der Strom „kentert" (die Richtung wechselt), nach und nach zur Ruhe. Dagegen ist in der 3. und 4. Stunde vor oder nach Hochwasser beziehungsweise Niedrigwasser die Strömung am stärksten.

Tidenkalender

Ebbe und Flut setzen an den einzelnen Küstenabschnitten zu unterschiedlichen Zeiten ein. Die Zeitverschiebungen und Abweichungen bei Hoch- und Niedrigwasser werden für die Küstenabschnitte der Bundesrepublik in dem jährlich neu erscheinenden Tidenkalender des Bundesamtes für Seeschiffahrt und Hydrographie (BSH) veröffentlicht.
Vorsicht: Die Angaben sind nur Richtwerte, da sich kurzfristige, wetterbedingte Veränderungen ergeben können.
Sie müssen deshalb beim Surfen an der Nordsee nicht nur die Angaben im Tidenkalender, sondern auch aktuelle Wetter- und Wasserstandsvorhersagen berücksichtigen.

Bereiten Sie sich auf das Surfen in Tidengewässern gewissenhaft vor:

- Legen Sie sich einen Tidenkalender für das ausgewählte Revier zu.
- Hören Sie regelmäßig Seewetterbericht.
- Surfen Sie in Tidengewässern nur zu Zeiten schwacher Strömung.
- Erkundigen Sie sich über Lage und Verlauf der Priele.
- Bleiben Sie in Strandnähe.
- Wenn Sie von starker Strömung seewärts gezogen werden, geben Sie sofort Notsignal (Seite 62).

Natur und Umwelt

Dicht bewachsene Ufer eignen sich nicht als Zugang. Halten Sie auch von der Wasserseite her Abstand

So sehen bereits zu viele Uferabschnitte aus

Natur und Umwelt, in der wir leben, werden heute durch immer noch zunehmende Industrialisierung, durch Abgase von Motoren und Gebäudeheizungen, ganz allgemein durch unsere Zivilisation, stark belastet. Der Selbstreinigungs- und Selbsterhaltungsmechanismus der Natur ist gestört. Pflanzen und ganze Wälder sterben ab, Gewässer „kippen um", viele Fisch- und Vogelarten zeigen starke Degenerationserscheinungen

und sterben schließlich aus. Umwelt- und Naturschützer haben diese Probleme längst erkannt. Gesetze legen für die Schadstoffbelastung von Luft und Wasser Grenzwerte fest, deren Überschreitung mit Geldstrafen geahndet wird. Die Kontrolle über die Einhaltung der festgelegten Grenzwerte gestaltet sich aber äußerst schwierig. Oft fehlt das Verantwortungsbewußtsein, den geschäftlichen Profit dem Schutz von Umwelt und Natur zuliebe zurückzustellen.
Diese deprimierende Situation wird vielfach durch Unkenntnis und Gedankenlosigkeit von jedem einzelnen noch zusätzlich negativ beeinflußt. Surfer sollten bedenken, daß sie die Natur schon gefährden, wenn sie mit ihren flachen Brettern bis in die Uferzonen einfahren, die bis dahin ungestörte Laich-, Nist- und Rastplätze von vielen Fisch- und Vogelarten waren. Die Tiere werden dadurch bei der Fütterung und Nahrungsaufnahme gestört und ziehen sich schließlich aus ihren angestammten Lebenszonen zurück. Wer sich Zugangsstellen mit dichter Ufer- und Flachwasservegetation zum Einsetzen oder Landen aussucht, nimmt mutwillig in Kauf, daß hier die Pflanzenwelt für lange Zeit oder sogar irreparabel zerstört wird und dadurch der Lebensraum zahlreicher Tiere für immer verlorengeht.
Durch das frühe Einsetzen der Saison beim Surfen und die Nutzung der herbstlichen Starkwindperioden bis in den Winter hinein werden Jahreszeiten für diesen Sport auf dem Gewässer beansprucht, die bis dahin der Tierwelt als Brut- bzw. als Ruhezeit vorbehalten waren.
Andererseits haben die Wassersportler, besonders Schwimmer und Surfer, unter der starken Belastung der Gewässer durch Umweltverschmutzung zu leiden. Die Folge von Abwassereinleitungen ist z. B. die Sperrung von Wasserflächen für den Badebetrieb und damit auch für das Surfen.
Sie können durch Kenntnis der Problematik und durch Ihr eigenes Verhalten dazu beisteuern, die Gewässer für Ihren Sport offenzuhalten.
Oft beugt ein freundlicher Hinweis z. B. auf Schutzgebiete oder „vergessene“ Abfälle Gedankenlosigkeit und Achtlosigkeit vor. Auf der Grundlage des Bundesnaturschutzgesetzes gibt es allgemeine Hinweise und Regeln, die Sie unbedingt beachten sollten. Sonst tragen Sie selbst dazu bei, daß durch behördliche Maßnahmen bis hin zu Gewässersperrungen auch Ihre eigenen Freizeitmöglichkeiten in der Natur beschränkt werden müssen.
Durch Befolgen der Regeln geben Sie ein gutes Beispiel, das seine Wirkung nicht verfehlt. Sie haben die Chance und zugleich die Verpflichtung, aktiv einzugreifen und dafür zu sorgen, daß andere nicht durch rücksichtsloses Verhalten die Behörden auf den Plan rufen.
Inwieweit das Surfen und andere Wassersportarten auch in Zukunft noch ausgeübt werden können, hängt davon ab, in welchem Maße Aufklärung und Hinweise auf die entstehenden Probleme das Umweltverhalten der Sportler zu beeinflussen vermögen.

Fünf Regeln zum Umweltschutz

1. Badeverbot heißt meist auch Windsurfverbot.

2. Informieren Sie sich über die Wasserqualität und eventuell gefährdete Gebiete.

3. Beobachten Sie die Wasserfläche, und meiden Sie verunreinigte Zonen.

4. Regen Sie selbst durch beispielhaftes Verhalten andere zu umweltbewußtem Handeln an.

5. Unterstützen Sie Aktionen für eine saubere Umwelt. Bedenken Sie: Reines Wasser ist die Grundlage Ihres Sports.

Zehn Regeln zum Naturschutz

1. Fahren Sie nicht in Schilfgürtel, seichte und flache Gewässer mit Wasserpflanzen.

2. Halten Sie mindestens 200 m Abstand von Vogelansammlungen.

3. Beachten Sie Einschränkungen des Wassersports in Naturschutzgebieten.

4. Nehmen Sie Rücksicht auf alle Tiere in „Feuchtgebieten internationaler Bedeutung“.

5. Gehen Sie nur an offiziellen Anlegestellen und dort an Land, wo Sie keinen Schaden an Tieren und Pflanzen anrichten.

6. Meiden Sie dichte Ufervegetation auch von der Landseite, und halten Sie 30 bis 50 m Abstand.

7. Halten Sie mindestens 300 bis 500 m Abstand von Seehundliegeplätzen und „Vogelinseln“.

8. Beobachten und fotografieren Sie Tiere nur aus der Ferne.

9. Halten Sie das Wasser sauber.

10. Informieren Sie sich über bestehende Vorschriften an und auf Ihrem Revier.

Grundausstattung für Anfänger

Das Angebot auf dem Surfbrettmarkt ist mittlerweile so groß, daß es auch für Kenner kaum noch überschaubar ist. Man kann deshalb nur einen Überblick geben über die gängigen Riggs, Brettypen und die verschiedenen Kunststoffe, aus denen Surfbretter gefertigt werden. Die Entscheidung für ein ganz bestimmtes Fabrikat hängt letztlich von Ihrem Fahrkönnen, Ihren Ansprüchen, Ihrem Geldbeutel oder auch von dem Revier ab, in dem Sie hauptsächlich surfen. Da sich manche Fabrikate in Fahreigenschaften, Ausstattung und Preis kaum unterscheiden, kann beim Design von Brett und Segel Ihr persönlicher Geschmack ausschlaggebend sein.

Hinweise zum Brett

Bis auf eine verschwindend kleine Zahl exotischer Regattabretter werden Surfboards als *Gleiter* gebaut. Mit zunehmender Fahrgeschwindigkeit heben sie sich aus der bremsenden „Verdrängerfahrt" und kommen ins Gleiten. Um diese Phase schnell zu erreichen, haben Gleiter ein flaches, viel hydrodynamischen Auftrieb lieferndes Unterwasserschiff. Bei entsprechender Breite des Brettes und ausreichendem Volumen sorgt ein flaches Unterwasserschiff für Kippstabilität auch im Stand und bei langsamer Fahrt. Weil alle Bretter als Gleiter konzipiert sind, unterscheiden sich die einzelnen Varianten weniger durch Umriß und Unterwasserschiff, sondern durch Länge und Breite und vor allem durch ihr Volumen (siehe Übersicht Seite 85).

Für die Bezeichnung der Brettvarianten haben sich englische Begriffe eingebürgert, wie ja auch das Wort Windsurfen aus dem Englischen abgeleitet ist. Die wörtliche Bezeichnung der Brettypen ist allerdings irreführend: Ein *Allroundboard* („Allzweckbrett") macht nicht weniger Spaß als ein *Funboard* („Spaßbrett"). *Spaß* mit einem Allroundboard werden Sie aber vor allem bei leichtem bis mittlerem Wind haben, während das Funboard erst seinen *Zweck* erfüllt, wenn man die Anfängerprobleme hinter sich hat und der Wind kräftig bläst. Die Grenzen zwischen Allroundboards und Funboards sind fließend: Die meisten Hersteller bieten in diesem Bereich sogenannte *Allround-Funboards* an.
Nur Bretter vom Typ Allroundboard und Allround-Funboard sind für Anfänger geeignet und erfüllen die Voraussetzungen für sicheres und schnelles Lernen bis in höhere Könnensstufen. Dabei gibt es jedoch wichtige Unterschiede zu beachten.
Ihr Lernbrett muß auf jeden Fall mit einem *Schwert* ausgerüstet sein, erst ab Könnensstufe 4 kommen Sie auch ohne Schwert zurecht. Alle Allroundboards und auch eine ganze Reihe größerer Funboards sind mit einem Schwert ausgestattet.
Das Schwert vergrößert in ausgeklapptem Zustand den *Lateralplan* (die „seitliche Fläche", d. h. der Abdrift entgegenwirkende, unter Wasser liegende Teile des Surfbretts). Es vermindert daher die Abdrift (Seite 106), erleichtert Kreuzen und Höhelaufen auch bei schwächerem Wind und erhöht die Kippstabilität um die Längsachse des Brettes. Für viel Wind und bei besserem Fahrkönnen läßt sich das Schwert einklappen.
Das wichtigste Kriterium für die Auswahl ist *ausreichendes Volumen* des Brettes, denn dies ist entscheidend für die Tragfähigkeit und Stabilität des Brettes auf dem Wasser auch in Ruhelage. Dem Volumen des Brettes entspricht sein statischer Auftrieb oder, wie man auch sagen kann, die Tragkraft des Brettes. Dabei kommt es aber nicht auf den absoluten Wert an, sondern auf den *Restauftrieb,* die Tragkraftreserve des Brettes. Die Tabelle auf Seite 83 zeigt mit Beispielen die genaue Berechnungsweise.
Der Restauftrieb ist maßgeblich dafür, ob Sie beim Lernen mit dem entsprechenden Brett Freude haben oder ständig mit Balanceproblemen kämpfen. Je mehr überschüssiges Volumen sich für Ihr Brett errechnen läßt, desto weniger taucht es bei Belastung ein, desto stabiler wird Ihr Stand, und desto besser ist es für Sie als Einsteiger geeignet. Die meisten Hersteller geben in ihren Prospekten Volumen und Gewicht der einzelnen Bretter an, so daß Sie selbst schnell ermitteln können, welches Board in Frage kommt.
Aus der Vergleichsrechnung wird deutlich, daß ein Schwergewicht mit 80 kg auf einem 180-Liter-Brett erheblich mehr Probleme haben wird wegen des geringeren Restauftriebs als ein Surfer mit 50 kg.

Beispiel für die Berechnung des Restauftriebs bei gleichem Brett und gleicher Ausrüstung, aber unterschiedlichem Körpergewicht

Brettauftrieb (entsprechend dem Volumen von 180 l)	180 kg	180 kg
Körpergewicht	– *80 kg*	– *50 kg*
Brettgewicht	– 18 kg	– 18 kg
Riggewicht	– 9 kg	– 9 kg
Ausrüstungsgewicht (Neopren, Schuhe)	– 4 kg	– 4 kg
Restauftrieb	67 kg	97 kg

Bei der Berechnung des Auftriebs müssen Sie allerdings auch auf die richtige *Volumenverteilung* achten: Aus der äußeren Form des Brettes und der Volumenverteilung ergibt sich seine Eintauchtiefe bei entsprechender Belastung. Den meisten Auftrieb muß ein Brett dort haben, wo Sie sich beim Segelaufholen, Fahren und in Manövern bewegen, also im Bereich der Mastschiene und des Schwertkastens. Hier liegt die breiteste und dickste Stelle des Brettes. Andererseits müssen auch Bug und Heck genügend Auftrieb liefern, damit Sie bei Wende und Halse nicht unversehens abtauchen. Bretter mit sehr schmalem, dünnem Bug oder Heck kommen also nicht in Betracht.

Auf dem Wasser können Sie ein Brett sehr einfach testen. Wenn Sie sich von der vorderen Kante des Schwertkastens aus jeweils etwa einen Meter Richtung Bug oder Heck bewegen und dort stehen können, ohne sich nasse Füße zu holen, ist der Restauftrieb des Brettes für Sie optimal und die Volumenverteilung richtig.

Aus dem erforderlichen Mindestvolumen für ausreichende Tragkraftreserven und der richtigen Volumenverteilung ergibt sich bei anfängertauglichen Brettern eine *Länge* von etwa 3,30 m bis 3,80 m und eine *Breite* von mindestens 60 cm. *Raceboards* sind zwar auch lang und recht voluminös, aber sehr schmal. Deshalb sind sie kippliger als Allroundboards und zum Lernen weniger geeignet. Auch die sogenannten *Verdränger* sind reine Regattaboards und wegen ihres fast halbrunden Unterwasserschiffs trotz hohen Volumens extrem kipplig.
Die Maßunterschiede wirken sich auch im *Gewicht* aus; 14 kg bis 20 kg sind übliche Werte. Dabei hängt das Gewicht stark von dem verwendeten Material ab. Einige Hersteller bieten Bretter gleicher Form aus unterschiedlichen Materialien an. Eine moderne Verbundbauweise (Seite 84) bringt 3 bis 6 kg Gewichtsersparnis. *Geringes* Gewicht und aufwendige Technologie haben aber für Sie auch Nachteile: Diese Bretter sind viel teurer und zusätzlich meist schlagempfindlich.
Mit einem *hohen* Brettgewicht haben Sie an Land Probleme beim Auf- und Abladen und beim Tragen. Auf dem Wasser wirkt sich das Mehrgewicht erst bei stärkerem Wind durch träge Beschleunigung und entsprechenden Anstieg der Haltekräfte aus.
Ausreichende Tragkraft und richtige Maße sind deshalb so wichtig für ein Einsteigerbrett, weil sich jeder Anfänger erst allmählich an den schwankenden Untergrund gewöhnt. Die Bewegungen auf dem Brett werden beim Drehen, Starten und Fahren noch sehr langsam und mit vielen Pausen ausgeführt. Das Brett macht bei leichtem Wind nur wenig Fahrt, das Segel hat kaum Druck. Die Folge: Das Brett ist kipplig, es fehlt die Gegenkraft, um Balanceschwierigkeiten ausgleichen zu können.
Mit größerer Erfahrung und auf höherer Könnensstufe lernen Sie, diese Balanceakte abzukürzen, nahezu auszuschalten. Sobald nämlich das Brett stets zügig Fahrt macht und das Segel kontinuierlich Druck hat, reduzieren sich Gleichgewichtsprobleme auf den kurzen Augenblick, wenn Sie bei Wende oder Halse die Segelseite wechseln. Da aber Balanceschwierigkeiten den Lernerfolg nicht nur erheblich verzögern, sondern Ihnen auch den Spaß beim Surfen ganz vermiesen können, werden Sie um ein typisches Einsteigerbrett nicht herumkommen. Auch wenn Sie sich später höheren Könnensstufen zurechnen, lohnt es sich, das Einsteigerbrett zu behalten.

- Sie sind bei Leichtwind auf viel Volumen angewiesen und werden dann Ihr großes Brett gern benutzen.
- Die Vorübungen für nächst höhere Könnensstufen (Seite 10) lassen sich auf den großvolumigen Brettern leichter üben. Erst wenn Sie auf Ihrem gewohnten Brett die neuen Manöver sicher beherrschen, ist es sinnvoll, auf ein kürzeres umzusteigen.

Der für Ihr Körpergewicht ermittelte Restauftrieb ist bei den einzelnen Brettypen zum Teil extrem unterschiedlich. Bei einer Überschlagsrechnung können Sie für das Gewicht von Brett, Rigg und Ausrüstung (Brettlast) einen Durchschnittswert von 30 kg einsetzen. Dann ergibt sich:

Brettvolumen
– 30
– Körpergewicht
= Restauftrieb

Als Faustregel wird für Sie gelten:

Ein Brett für den Anfang (Einsteigerbrett, Könnensstufe 1 bis 2) soll mindestens 100 kg Restauftrieb haben, mit Vario-Schwert ausgerüstet und nicht schwerer als 20 kg sein.

Restauftrieb als Kriterium für den Brettkauf

<table>
<tr><th colspan="3" rowspan="2">Restauftrieb in kg</th><th colspan="3">Bretter für:</th></tr>
<tr><th>Einsteiger</th><th>Fortgeschrittene</th><th>Spezialisten</th></tr>
<tr><td rowspan="2">Mit Schwert</td><td>125 kg
100 kg</td><td>**Allround-boards**</td><td>Könnensstufe 1 und 2</td><td rowspan="2">Könnensstufe 3 und 4</td><td rowspan="3">Könnensstufe 5 und 6

Freie Brett-wahl für Spezialisten</td></tr>
<tr><td>75 kg
50 kg</td><td>**Funboards**</td><td></td></tr>
<tr><td>Ohne Schwert</td><td>25 kg
0 kg
−25 kg</td><td>**Sinker**</td><td></td><td></td></tr>
</table>

Baumaterial

Der Kern eines Surfbrettes besteht aus Hartschaum, in der Regel Polyurethanschaum (PU) oder Styropor. Die Außenhaut wird um den Kern geformt (GFK; ABS, ASA), oder die vorgefertigte Außenhaut wird ausgeschäumt (PE). Wichtig: Surfbretter mit Styroporkern dürfen nur mit Epoxidharz repariert werden, da Polyesterharz Styropor auflöst.
Die feste Außenhaut der Surfbretter wird hauptsächlich aus folgenden Materialien hergestellt:

Material	Vorteil	Nachteil
GFK glasfaserverstärkter Kunststoff auf Epoxid- oder Polyesterbasis (Duroplast)	kleinere Schäden sind auch von Laien leicht zu reparieren, geringes Gewicht	spröde, schlagempfindlich, teure Herstellung
ABS/ASA durch Wärme verformter Kunststoff (Thermoplast)	unempfindlich, kleinere Schäden leicht zu reparieren	etwas höheres Gewicht, größere Schäden müssen vom Fachmann repariert werden
PE Polyethylen unter Wärmezufuhr formgeblasener oder rotierter Kunststoff (Thermoplast)	sehr unempfindlich preiswerte Herstellung	relativ hohes Gewicht, Schäden können nur vom Fachmann repariert werden

Ausstattung

Die *Fangleine* (Sicherheitsleine) gehört an jedes Brett. Sie verhindert ein Auseinandertreiben von Brett und Rigg, wenn sich der Mastfuß bei einem Sturz aus der Mastschiene löst. Bei starkem Wind treibt ein Brett schneller ab, als man schwimmen kann.
Abschleppösen sind oft eng und klein und deshalb in Notsituationen in Aufregung und mit klammen Fingern ungeeignet. Testen Sie vor der ersten Ausfahrt, ob sich ein Abschlepptampen (mindestens 5 mm) problemlos befestigen läßt.
Fußschlaufen stellen für Anfänger und allgemein unter Leichtwindbedingungen nur lästige Stolperfallen dar. Erst wenn Sie Ihr Brett bei 4 Beaufort beherrschen, sollten Sie die Schlaufen montieren.
Die für Sie in Frage kommenden Brettypen sind fast alle mit einer *Mastschiene* ausgerüstet. Der Mastfuß steckt in einem Schlitten, der in einer Führungsnut läuft. Über eine Fußtaste ist es möglich, die Position vom Mast auch während der Fahrt bis zu 50 cm nach vorn beziehungsweise hinten zu verändern. Achten Sie beim Kauf darauf, daß der Schlitten leichtgängig ist und sich gut erreichbar auslösen, aber auch arretieren läßt.

Vario-Schwert, voll versenkbar

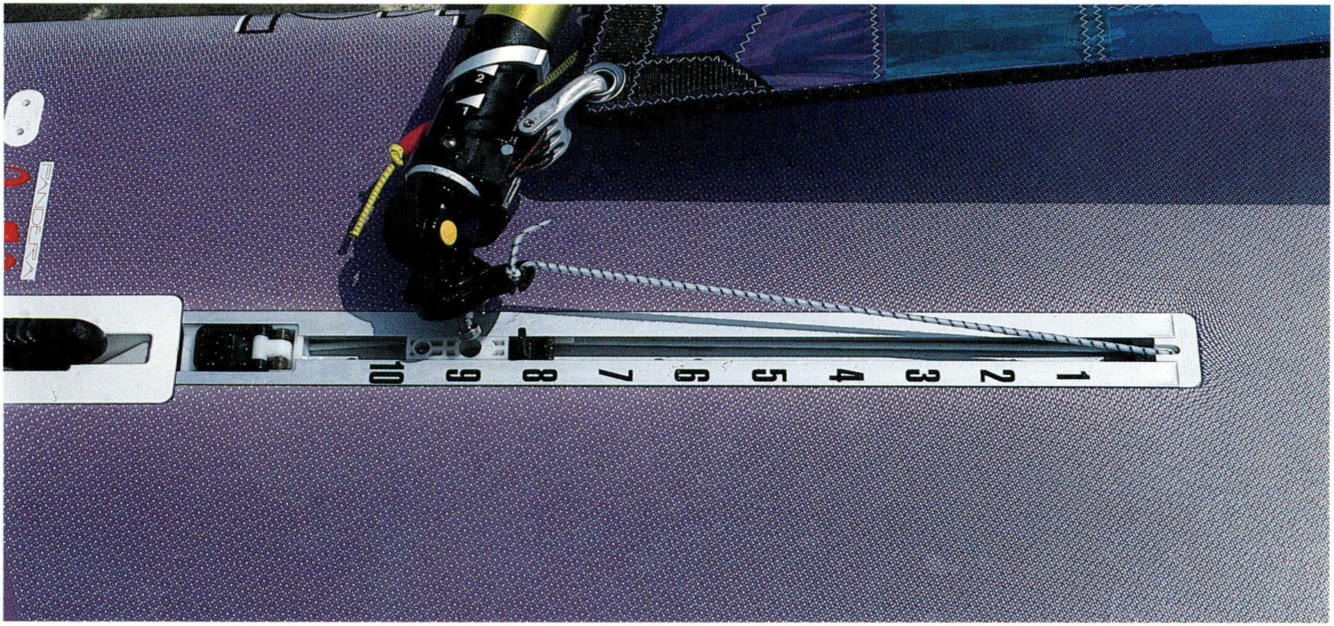

Die Fangleine (in der Mastschiene) verbindet Brett und Rigg

Sechs Bretter aus einer Produktlinie: im Umriß ähnlich, aber in Länge, Breite und Dicke sehr unterschiedlich.
Von links nach rechts: Einsteigerbrett (Allround), Raceboard, Allround-Funboard, Funboard, Semisinker, Sinker

Hinweise zum Rigg

Das Rigg besteht aus Mast, Mastfuß, Gabelbaum und Segel. Für gute Wirksamkeit und leichtes Handling müssen diese Teile aufeinander abgestimmt sein. *Masten* werden aus glasfaserverstärktem Kunststoff (Polyester, Epoxid) oder aus Aluminium hergestellt. Mastdurchmesser sind bisher nicht genormt, jedoch werden im Zubehörhandel passende Übergangsstücke (Adapter) für Mastfüße mit anderem Durchmesser angeboten. Die Härte (Biegsamkeit) und die Biegekurve des Mastes müssen zum Segelschnitt passen.
Der *Mastfuß* stellt die Verbindung zwischen Brett und Rigg her. Durch ein bewegliches Gummi-, Kunststoff- oder Kardangelenk ist er nach allen Seiten frei beweglich, aber dennoch fest mit dem Brett verbunden. Der Mastfuß muß so fest im Brett sitzen, daß er nicht unbeabsichtigt beim Segelaufholen oder jedem Sturz aus der Mastschiene rutscht. Er sollte sich andererseits leicht befestigen und wieder lösen lassen. Das Einsetzen des Mastfußes in die Mastschiene muß auch dann leicht funktionieren, wenn Brett und Rigg flach auf dem Wasser liegen.
Die *Gabelbäume* der einzelnen Hersteller unterscheiden sich in der äußeren Form nur geringfügig. Sie werden in verschiedenen Längen einteilig oder verstellbar (Variogabelbäume) angeboten. Qualitative Unterschiede gibt es hinsichtlich Formstabilität (Nachgiebigkeit unter Belastung), Gewicht, Griffigkeit der Beschichtung und Rohrdurchmesser.
Das Rohr wird aus seewasserfestem Aluminium hergestellt. Die Gummibeschichtung muß grifffreundlich und strapazierfähig sein. Kopf- und Endstücke aus Aluminium halten den hohen Belastungen besser stand als Kunststoffbeläge. Das Trimmen wird mit Hilfe von Flaschenzügen ganz erheblich erleichtert. Manche Riggs lassen sich ohne solche Hilfen gar nicht optimal trimmen. Sollte Ihr Rigg nicht vom Hersteller mit Flaschenzug-

Drei typische Riggs aus einer Produktlinie: Duo-batten-Segel für breiten Einsatzbereich, Manöver-Segel und Speedsegel. Die Fläche beträgt hier jeweils etwa 4,6 m^2.

systemen für Trimmschot und Vorliekstrecker ausgerüstet sein, können Sie passende Rollen auch als Zubehör nachkaufen.

Die *Segel* werden – ihrem Umriß entsprechend – bestimmten Typenklassen und Einsatzbereichen zugeordnet. Diese wiederum finden Sie in der Tabelle auf Seite 88/89 als Empfehlung für die einzelnen Könnensstufen.

Einsteigertaugliche Bretter werden zum Beispiel überwiegend mit Segeln der Typenklassen „Komfort" oder „Halbprofil" geliefert. Sie sind unkompliziert aufzubauen, relativ leicht zu trimmen und handlich. Zu empfehlen sind Segel, die sowohl mit kurzen als auch mit langen Latten gefahren werden können (Duo-Batten-System). Ihr Einsatzbereich wird dadurch erheblich erweitert. Ein Segel mit nur wenigen bis zum Mast reichenden Latten (in Topp und Unterliek) beginnt im vorderen Drittel zu killen, wenn Sie es nicht genug dichtholen. Beobachten Sie diese Segel während der Fahrt im Vorliekbereich, können Sie die richtige Segelstellung immer kontrollieren. Die Vortriebseigenschaften solcher Segel sind am besten im Leicht- und Mittelwindbereich. Sie eignen sich demnach besonders für Surfer der Könnensstufen 1 bis 4. Von Segeln mit langen, um den Mast rotierenden Latten („Rotativ-System") oder Profilkörpern („Camber-Inducer") ist dem Einsteiger und unerfahrenen Surfer dagegen abzuraten. Durchgehende Latten und harter Trimm (die Latten werden zwischen Vor- und Achterliek eingespannt) geben dem Segel ein „halbstarres" Profil, das ein Auswandern des Segeldruckpunktes bei stärkerem Wind verhindert und dann mehr Vortrieb entwickelt. Geübte Surfer ab Könnensstufe 4 und 5 nehmen folgende Nachteile sogenannter Profilsegel in Kauf:

- Die richtige Segelstellung läßt sich optisch nicht kontrollieren.
- Da das Segel nicht flattern kann (halbstarres Profil), entwickelt es auch in gefiertem Zustand (Grundstellung, Wartestellung) immer Vortrieb. Bei viel Wind schlägt es so hart um, daß es kaum festzuhalten ist. Bei wenig Wind muß das Profil ruckartig zum Umklappen gebracht werden.
- Das Trimmen ist zeitaufwendig. Es erfordert gleichermaßen Fingerspitzengefühl und Kraft.
- Die langen Latten erhöhen das Riggewicht.
- Das Segelaufholen ist erschwert.
- Obwohl Profilsegel sehr teuer sind, leisten sie bei Leicht- und Mittelwind selten mehr Vortrieb als Komfortsegel.

Es leuchtet ein, daß dem Einsteiger solche Nachteile den Spaß am Surfen schon im Keim ersticken können – auch wenn in der Werbung gelegentlich anderes behauptet wird.

Das für die meisten Segel verwendete *Tuch* nimmt durch spezielle Imprägnierung und Beschichtung kaum Wasser auf und wird nahezu luftundurchlässig. Folienbeschichtete Segel (wie Mylar) sind im Vergleich dazu leichter, dehnen sich nicht, sind aber bei Beschädigungen zum Teil nicht reißfest und deshalb besonders pfleglich zu behandeln. Sie dürfen beispielsweise nur gerollt (nicht gefaltet) transportiert werden.

Für die Wahl der richtigen *Segelgröße* (vergleiche „Windstärke und Segelwahl", Seite 112) sollen dem Anfänger folgende Erfahrungswerte aus dem Surfunterricht als Hilfe dienen:

Körpergewicht	*Wind bis 2 Bft*	*Wind bis 4 Bft*
unter 60 kg	4 m^2	3,5 m^2
60 bis 80 kg	5 m^2	4 m^2
über 80 kg	6 m^2	5 m^2

Die größeren Segel sollten mit Gabelbäumen von höchstens 2,15 m Länge, die kleineren mit entsprechend kürzeren auskommen. Sie müssen in den jeweils verwendeten Gabelbaum ohne Spiel am Schothorn passen, damit für gutes Handling und optimalen Stand gesorgt ist.

Segeltypen: schematische Darstellung

	Komfort-Segel (Einsteigersegel)	Halbprofilsegel
Geeignet ab Könnensstufe	1 2 3 4 5 6	1 2 3 4 5
Geeignet für Windstärke	1–4 Bft	1–5 Bft
Gebräuchliche Segelgrößen	3,5–6,5 m^2	4–7 m^2
Typischer Umriß	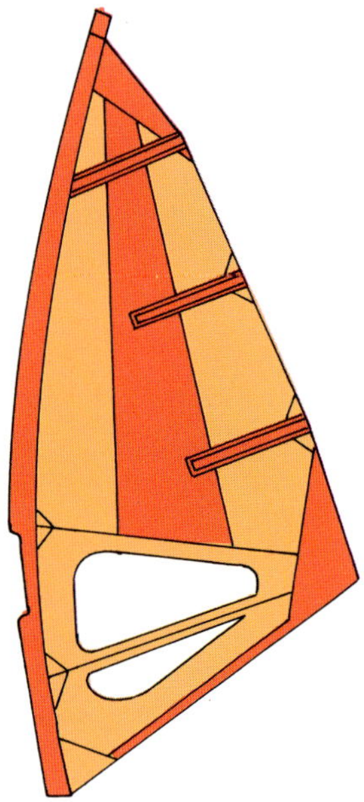	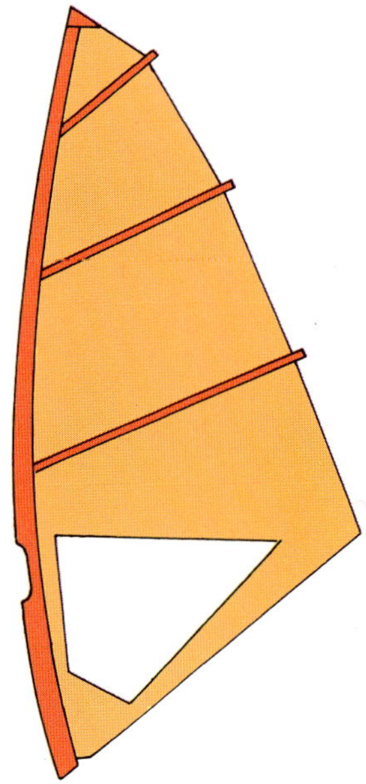
Vorteile	● einfach aufzubauen ● geringes Gewicht ● Segelaufholen leicht ● gute Kontrolle der Segelstellung ● leichtes Handling ● guter Vortrieb bei Leicht- und Mittelwind	● mäßige Trimmkräfte ● noch gut optisch kontrollierbare Segelstellung ● bester Vortrieb bei Mittelwind ● allroundtauglich von Leicht- bis Starkwind
Nachteile	● langer Gabelbaum ● für Starkwind weniger geeignet ● spürbare Verlagerung des Segeldruckpunkts	● höheres Gewicht als Komfortsege (lange Latten) ● Zusammenbau und Trimm relati kompliziert ● Transportprobleme wegen langer Segellatten

ofilsegel	Speedsegel	Manöversegel
2 3 4 5 6	1 2 3 4 5 6	1 2 3 4 5 6
-6 Bft	ab 3 Bft	ab 4 Bft
-7 m²	3-6,5 m²	3-6 m²
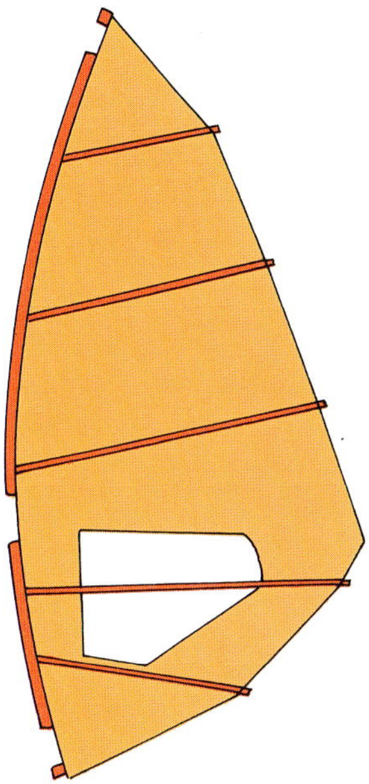	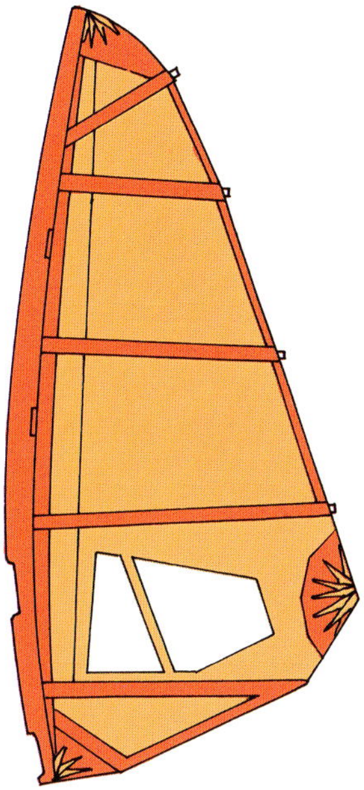	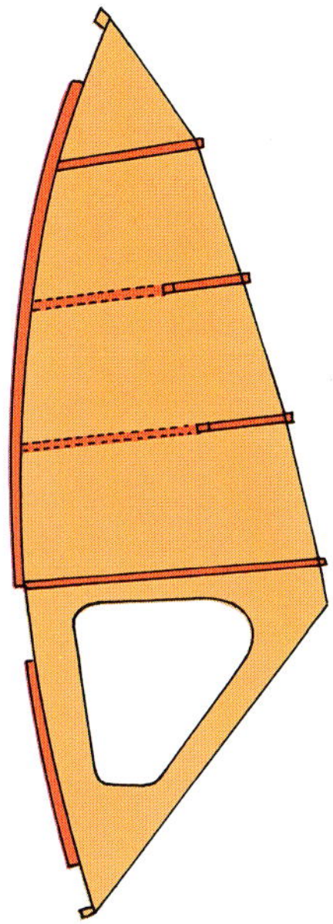
kurzer bis sehr kurzer Gabelbaum bester Vortrieb erst bei Mittel- bis Starkwind bedingt allroundtauglich	● maximaler Vortrieb bei Mittel- bis Starkwind ● sehr gut zu beherrschen bei hohen Geschwindigkeiten ● stabile Lage des Segeldruckpunktes ● kurzer Gabelbaum	● sehr kurzer Gabelbaum ● hohes Schothorn ● sehr gutes Handling in Welle und Brandung ● relativ geringes Gewicht
hohes Gewicht, bedingt durch Zahl und Länge der Latten hohe Trimmkräfte, optimaler Trimm erfordert Erfahrung Segelaufholen schwierig schwierige Kontrolle der richtigen Segelstellung ● Transportprobleme	● hohes Gewicht (Latten) ● komplizierter und zeitaufwendiger Zusammenbau durch Profilkörper ● sehr hohe Trimmkräfte ● Segelaufholen schwierig ● hartes Umschlagen des Segels ● sehr schwierige Kontrolle der richtigen Segelstellung ● Transportprobleme	● schlechter Vortrieb bei Leicht- bis Mittelwind ● hohe Trimmkräfte ● reagiert sehr empfindlich auf Änderungen des Anstellwinkels ● bei böigen Winden schwierig zu beherrschen ● schmaler Einsatzbereich ● Transportprobleme

Materialpflege

Nachdem Sie nun genau über die geeignete Ausrüstung Bescheid wissen, sollten Sie doch ein wenig über die pflegliche Behandlung Ihres Sportgeräts erfahren, damit es Ihnen möglichst lange erhalten bleibt.
Das Segel ist das empfindlichste und verschleißanfälligste Teil Ihres Surfbretts.

Ein paar Tips zur Segelpflege:

- Lassen Sie Ihr Rigg am Ufer nie halb im Wasser liegen. Selbst kleinste Wellen bewegen das Rigg, und das Segel scheuert durch.
- Lockern Sie bei längeren Pausen am Strand immer den Vorliekstrecker und die Trimmschot, damit das Segel nicht unnötig gedehnt und ausgeleiert wird. Bei durchgelatteten Segeln zuerst die Latten entspannen!
- Nach dem Surfen in Salzwasser spülen Sie das Segel gründlich mit Süßwasser ab.
- Lassen Sie das Segel vor dem Zusammenlegen gut trocknen, dabei wenn möglich nicht in die pralle Sonne legen. Lassen Sie das Segel zum Trocknen nicht im Wind flattern.

Rigg am Strand vergessen. Fazit: unbrauchbar nach einer Nacht in der Brandung

Segeltrocknen am Riggständer: bei viel Wind nicht zu empfehlen. Vorliekstrecker und Trimmschot sollen gelockert, aber nicht gelöst werden. Das Segel nach Möglichkeit im Gabelbaum trocknen lassen

● Wenn Sie Ihr Segel naß verpacken müssen, wickeln Sie es um den Mast, um es dann zu Hause zum Trocknen aufzuhängen.

● Um das Segel im Segelsack zu verstauen, empfiehlt sich folgende Art des Zusammenlegens: Segel vom Unterliek her in S-Schlag zusammenlegen. Das Achterliek bleibt dabei bündig, und die Masttasche bildet eine Zickzacklinie. Achten Sie darauf, daß das Segelfenster nicht geknickt und dadurch beschädigt wird. Das gefaltete Segel wird vom Achterliek aus zusammengerollt und in den Segelsack gesteckt.
Foliensegel und durchgelattete Segel sollen nicht gefaltet, sondern gerollt werden (Foto unten).

Behandeln Sie auch Ihr Surfbrett pfleglich:

● Steigen Sie erst dort aufs Brett, wo Schwert und Finne keine Grundberührung mehr haben.

● Fahren Sie nicht aufs Ufer – nur weil das vielleicht so „schön lässig“ aussieht. Brett, Schwert und Finne nehmen es übel.

● Legen Sie Ihr Brett nicht mit der Unterseite auf den Strand. Die Finne kann abbrechen.

● Selbst wenn Ihr Surfbrett nur ein kleines Loch hat, dürfen Sie nicht mehr damit aufs Wasser. Eingedrungenes Wasser bekommen Sie aus dem Schaumkern nicht mehr heraus.

Segel werden zum Transport gefaltet (oben) oder gerollt

Werkzeug

Ein kleiner Werkzeug- und Reparatursatz sollte unbedingt zu Ihrer Ausrüstung gehören:

Schraubendreher, stabiles Messer, Kombizange; ferner ein Feuerzeug zum Verschweißen der Kunststofftampen, wasserdichtes Klebeband zum provisorischen Flicken kleiner Schäden an Brett und Segel; eventuell auch etwas Glasmatte, Polyester- oder Epoxidharz, geeignete Spachtelmasse, Schleifpapier

Ersatzteile

Nichts ist ärgerlicher, als wenn Sie bei idealem Wetter, womöglich im Urlaub, Ihr Surfvergnügen beenden müssen, nur weil sich ein kleiner Defekt eingeschlichen hat. Ein paar Ersatzteile sollte man immer im Auto haben. Dazu gehören:

- ein kompletter Satz Tampen
- ein zweiter Mastfuß
- Ersatzsegellatten
- eventuell eine Ersatzfinne

Gebrauchtkauf

Der Kauf eines gebrauchten Surfbretts ist Vertrauenssache, da Sie innere Schäden an Mast oder Brett kaum bemerken können. Beim Kauf eines Surfbretts, das bereits mehr als eine Saison „auf dem Buckel" hat, sollten Sie vorsichtig sein. Orientieren Sie sich an den Prüflisten für Brett und Rigg.

Prüfliste Brett

- Gewicht des Bretts. Wenn es viel schwerer ist, als der Hersteller angibt, so hat es sicher Wasser gezogen und ist unbrauchbar.
- Hat das Brett keine weichen Stellen? Hat die äußere Schale überall Verbindung zum Schaumkern? (Durch Drücken mit der flachen Hand ertasten!)
- Ist die seitliche Kante unbeschädigt?
- Sitzen Mastschiene, Schwertkasten und Finnenkasten fest?
- Sind Finne und Schwert unbeschädigt?
- Hat das Brett Abschleppöse und Riggsicherung (Fangleine)?

Prüfliste Rigg

- Sind eventuelle Reparaturen fachmännisch ausgeführt? (Der Mast sollte völlig unbeschädigt sein!)
- Ist der Gabelbaum frei von Knickstellen?
- Ist die Gummibeschichtung des Gabelbaums unbeschädigt, sitzen die Klemmen und die Verbindungsteile der Rohre gut fest?
- Ist der Gabelbaum dicht (kein Wasser im Gabelbaum)?
- Ist das Segel unversehrt (keine Risse, Löcher, schadhafte Nähte, ausgerissene Lattentaschen oder Stockflecken)?
- Ist der Mastfuß in Ordnung, funktioniert der Einstellmechanismus?

Manchmal lohnt sich auch der Neukauf eines Segels zum gebrauchten Rigg, denn das Segel ist ein echtes Verschleißteil und hat nur begrenzte Lebensdauer. Selbst wenn Sie ein komplettes neues Surfbrett kaufen, werden Sie nach einiger Zeit um die Anschaffung eines neuen Segels nicht herumkommen.
Sie sehen, die Frage, ob Neu- oder Gebrauchtkauf, kann nicht eindeutig beantwortet werden. Für den Neukauf spricht die Garantie des Herstellers, doch auch mit einem günstigen Gebrauchtbrett können Sie jahrelang Freude haben.

Beschädigte Gabelbaumbeschichtung

Segel eingerissen

Zusatzausrüstung

Sinnvoll sind zwei Segel unterschiedlicher Größe, damit Sie Ihr Rigg an die Windverhältnisse anpassen können. Dazu kann ein Variogabelbaum zweckmäßig sein, so daß Sie das kleine Segel mit verkürztem und das große Segel mit verlängertem Gabelbaum fahren können. Wenn es Sie nicht stört, „Reklame zu fahren", können Sie sich preisgünstig ein kleines Segel kaufen: Von verschiedenen Branchen werden Segel aller Größen in recht guter Qualität mit Reklameaufdruck angeboten.
Vielleicht interessieren sich auch Ihre Kinder fürs Windsurfen und wollen mitlernen. Freuen Sie sich darüber, denn es macht mehr Spaß, wenn die ganze Familie begeistert ans Wasser fährt. Dann kommen Sie um den Kauf eines kleineren Segels ohnehin nicht herum. Kinder können schon im Alter von etwa zehn Jahren mit dem Windsurfen beginnen und beherrschen schon nach kurzer Zeit „ihr" Brett. Doch meistens sind sie noch nicht kräftig genug, das große Segel aus dem Wasser zu ziehen. Unter Umständen ist auch ein komplettes Kinder- oder Juniorenrigg sinnvoll. Es besteht aus einem kleinen Segel, kürzerem und dünnerem Gabelbaum und kürzerem und sehr leichtem Mast.
Die Surfbegeisterung Ihrer Familie hat für Sie einen Nachteil:
Sie werden Ihr Surfbrett des öfteren nur aus der Ferne zu sehen bekommen. Nehmen Sie es nicht tragisch, Zuschauen macht auch Spaß.

Semitrockenanzug als Schwimmhilfe

Bekleidung

Zum Windsurfen gehören Wasser und Wind und damit auch die Gefahr der Auskühlung des Körpers. Das gilt nicht nur für Ihre Schwimmphasen nach einem unfreiwilligen Abstieg, sondern auch für die Zeit auf dem Brett. Meist werden Sie naß sein. Da aber die Verdunstungskälte auf der nassen Haut beträchtlich ist, beginnen Sie auf dem Wasser viel schneller zu frieren als an einer windgeschützten Stelle am Ufer. Ein Kälteschutzanzug schützt die Haut zugleich auch vor Sonnenbrand und mindert die Verletzungsgefahr. Nicht zuletzt liefert ein Surfanzug im Wasser zusätzlichen Auftrieb, ist also auch aus Sicherheitsgründen sehr zu empfehlen.
Kälteschutzanzüge werden aus einseitig („Glatthaut") oder doppelseitig mit Gewebe beschichtetem („kaschiertem") Neopren gefertigt. Neopren ist ein synthetisches, geschäumtes Gummi, dessen Zellen mit Luft gefüllt sind. Die Materialstärke beträgt meist 2,5 bis 4 mm.
Wichtige *Qualitätsmerkmale* bei den verschiedenen Neoprensorten sind vor allem Dehnverhalten, Ausreiß- und Scheuerfestigkeit, Witterungsbeständigkeit (vor allem gegen Versprödung durch UV-Strahlen) und nicht zuletzt die Reparaturfähigkeit.
Bei der *Verarbeitung* ist zu beachten: Die Stoßstellen der Nähte müssen blindstichvernäht und zusätzlich verklebt, gleichwohl dehnbar sein. Das ist Voraussetzung für die Dichtigkeit und angenehmen Tragekomfort. An den Reißverschlußansätzen sollten Verstärkungen des Neoprens den Zug auffangen. Für Ihre Lernphase sind Knieverstärkungen sinnvoll.
Der *Schnitt* muß gute Paßform, Bewegungsfreiheit und möglichst rasches und bequemes An- und Ausziehen gewährleisten.

Kälteschutzanzüge werden in vielen Ausführungsvarianten angeboten

Ein Surfanzug muß gut sitzen und faltenfrei anliegen. So strömt kein überschüssiges kaltes Wasser ein, und der auf Körpertemperatur erwärmte dünne Wasserfilm im Anzug wird nicht ständig ausgetauscht. Dieser Vorgang entzieht die Körperwärme, und Sie würden trotz Ihres Surfanzuges sehr schnell frieren.

Surfanzüge aus schwarzem oder aus farbigem Glatthaut-Neopren werden in vielfältigen Kombinationen angeboten. Die Farbwahl ist keineswegs nur ein Modegag.
In einem schwarzen Anzug kann der Körper an heißen Tagen bis zum kreislaufgefährdenden Hitzestau aufgeheizt werden. Hier sind farbige Neoprenanzüge richtig. Sie vermeiden die Überhitzung, bieten aber alle Vorteile eines Neoprenanzuges und – besonders mit kräftigen Signalfarben – zusätzlich Sicherheit.
Farbiges Neopren versprödet zwar durch UV-Bestrahlung etwas schneller als schwarze Neoprene; dem kann jedoch durch Pflegemittel leicht vorgebeugt werden.
Neben den Glatthautanzügen bietet der Fachhandel auch doppelseitig kaschierte Anzüge. Sie sind unempfindlicher gegen Beschädigungen, nehmen aber in der äußeren Stoffschicht Wasser auf und wärmen wegen der dadurch entstehenden Verdunstungskälte weniger als Glatthautanzüge. Doppelt kaschiertes Material ist zudem nicht so dehnfähig wie Glatthautneopren und versprödet oft sehr rasch.
Ein Nachteil unbeschichteter Anzüge kann ihre Empfindlichkeit gegen Beschädigungen sein, vor allem wenn sie aus sehr dehnfähigem, weichem

Pflegetips

- Nach dem Surfen im Salzwasser unbedingt mit Süßwasser ausspülen.
- Zum Trocknen den Anzug auf links drehen, nicht in die pralle Sonne legen.
- Beim Transport den Anzug nicht falten, sondern einrollen.
- Reißverschlüsse gelegentlich mit Wachs oder Silikon (nicht mit Öl!) einreiben.
- Ab und zu den Anzug mit Feinwaschmittel waschen (nicht über 30 Grad).
- Pflegemittel gegen Versprödung nach Anweisung des Herstellers verwenden.

Neopren hergestellt sind. Schon ein unachtsames Greifen mit den Fingernägeln beim „Einsteigen“ kann einen kleinen Oberflächenriß zur Folge haben. Hochwertige Neoprene verbin-

den allerdings eine gute Scheuerfestigkeit und Kerbreißfestigkeit mit hoher Elastizität. Unter den zahlreichen Schnittvarianten ist besonders der „Long John", eine langbeinige Trägerhose, beliebt. Je nach Witterung wird er mit oder ohne zugehörige Jacke getragen.
Daneben haben sich die einteiligen Anzüge durchgesetzt. Sie sind auch als „Trockenanzüge" mit dicht schließenden Latexmanschetten und -kragen erhältlich oder – ohne die Latexeinsätze – als Semitrockenanzüge.
Kurzbeinige und -ärmelige Anzüge sind nur bei sehr warmen Temperaturen als Spritzwasserschutz sinnvoll. Unsinnig ist dagegen bei solchem Wetter eine Kombination von Badehose oder Bikini mit einem Nierenschutzgurt aus Neopren, denn kältebedingte Nierenleiden entstehen meistens durch Unterkühlung der Harnwege. Dann also lieber Neoprenshorts tragen!
Unbedingt gehören *Schuhe* (einfache Turnschuhe mit weicher, rutschfester Sohle) oder spezielle Surfschuhe zu Ihrer Ausrüstung, um Verletzungen durch Steine, Scherben, Dosen usw. am Ufer und im Flachwasserbereich zu vermeiden.
Aus Sicherheitsgründen kann eine leichte und bequeme *Schwimmweste* sinnvoll sein, die Ihnen bei einem Sturz zusätzlich Auftrieb verleiht. An einigen Gewässern sind solche Auftriebshilfen vorgeschrieben. Von „ohnmachtsicheren" Rettungswesten ist dagegen beim Surfen dringend abzuraten, weil sie die Beweglichkeit auf dem Brett zu sehr einschränken und so unter Umständen erst die Stürze und Unfälle provozieren, bei denen sie dann nützen sollen.

Dachtransport

Zulässige Dachlast

Wußten Sie schon, daß Sie auf Ihrem Autodach nicht unbegrenzt Lasten transportieren dürfen?
Was Ihr Fahrzeughersteller erlaubt, finden Sie auch nicht in den Fahrzeugpapieren. Das müssen Sie in den Autoprospekten suchen oder beim Hersteller selbst erfragen.
Die zulässige Belastbarkeit wird auch bei Ihrem Auto etwa zwischen 25 und 100 kg liegen. Bei Kleinwagen sollten Sie sich unbedingt vergewissern, bei größeren Modellen können Sie davon ausgehen, daß Sie ein Surfbrett zumindest aufladen dürfen. Wenn Sie das Gewicht der Einzelteile und des Surfbretts einmal zusammenrechnen, werden Sie feststellen, daß Mast und Gabelbaum bis zu 6 kg zusätzlich zum Gewicht des Brettes auf die Waage bringen. Zwei komplette Surfbretter wiegen zusammen also schon bald einen Zentner.

Unabhängig davon, wie viele Bretter Sie auf Ihr Autodach laden: Das zulässige Gesamtgewicht bzw. die maximale Zuladung (siehe Eintragung im Kfz-Schein) darf inklusive der Dachlast keinesfalls überschritten werden.

Dachträger

Von üblichen Gepäckträgern für das Autodach unterscheiden sich Träger für Surfbretter durch besonders breite und stabile Befestigungselemente. Denn Surfbrett-Träger müssen nicht nur ein erhebliches Gewicht verkraften, sondern auch den enormen Windkräften bei schneller Fahrt standhalten. Dachträger für Surfbretter sollen mindestens für 50 kg Gewicht zugelassen sein. Die Angaben finden Sie in den Prospekten der Hersteller. Auch wenn Sie selbst zum Surfen nur ein Brett gleichzeitig in Gebrauch nehmen werden, so sollten Sie doch berücksichtigen, daß Sie irgendwann mal ein zweites Brett für „besondere Gelegenheiten" (für die Brandung, für die Familie, für Freund oder Freundin...) auflegen wollen.
Zusätzlich sollte der Träger schnell und einfach zu befestigen sein. Ein auf dem Autodach nur spazierengefahrener Träger wird Sie manchen Liter Benzin zusätzlich kosten. Je einfacher also der Träger zu montieren ist, desto eher werden Sie ihn nach Gebrauch wieder demontieren. Die Erfahrung zeigt, daß Surfträger, die nur mit Spezialwerkzeug oder großem zeitlichem Aufwand befestigt werden können, unnötigerweise den ganzen Sommer über auf dem Dach bleiben. Diese „Dauermontage" verführt dazu, die Befestigungselemente nicht regelmäßig zu kontrollieren. Bei einer Vollbremsung rutscht Ihnen dann die wertvolle Fracht samt Träger vom Dach – die Folgen auf einer belebten Straße können Sie sich leicht ausmalen!
Nicht jeder Träger ist für jedes Autodach geeignet. Falls Ihr Auto z. B.

nicht die übliche Befestigungsmöglichkeit an der Regenrinne bietet, das Dach zu stark gewölbt ist oder Sie gar ein Cabrio fahren, wenden Sie sich an den Fahrzeughersteller oder an den Fachhandel. Für fast jeden Autotyp gibt es mittlerweile Spezialträger.

Diebstahlsicherung

Leider gibt es inzwischen recht viele Surfinteressenten, die ihr Brett nicht kaufen, sondern irgendwo „mitgehen" lassen. Wenn Sie Ihr Brett vor Diebstahl sichern wollen, z. B. wenn Ihr Wagen längere Zeit unbeaufsichtigt mit der kompletten Surfausrüstung auf dem Dach geparkt ist, sollten Sie für die Anschaffung eines diebstahlhemmenden Surfträgers unter Umständen einige Mark mehr investieren. Eine Surfbrett-Versicherung reicht nämlich allein nicht aus, um sich vor den Folgen eines Diebstahls zu schützen. Die Versicherungen schreiben (meist nur im „Kleingedruckten") in der Regel genau vor, welche Vorbeugungsmaßnahmen Sie selbst gegen Diebstahl treffen müssen. Manche Versicherungen verlangen sogar bestimmte Träger-Fabrikate.

Brett-Kasko-Versicherungen mit und ohne Selbstbeteiligung im Schadensfall umfassen außer Diebstahl noch andere Schadensregelungen, allerdings haftet der Versicherer nicht für Schäden, die Sie, unbeabsichtigt natürlich, anderen zufügen. Bei Zusammenstößen auf dem Wasser mit anderen Wasserfahrzeugen zum Beispiel schützt Sie nur eine geeignete Haftpflichtversicherung. Beim Verpacken auf dem Autodach achten Sie besonders darauf, daß nicht nur das Brett, sondern auch Mast und Gabelbaum mit abgeschlossen werden können und die Schlösser beim Verlassen des Autos eingerastet sind.

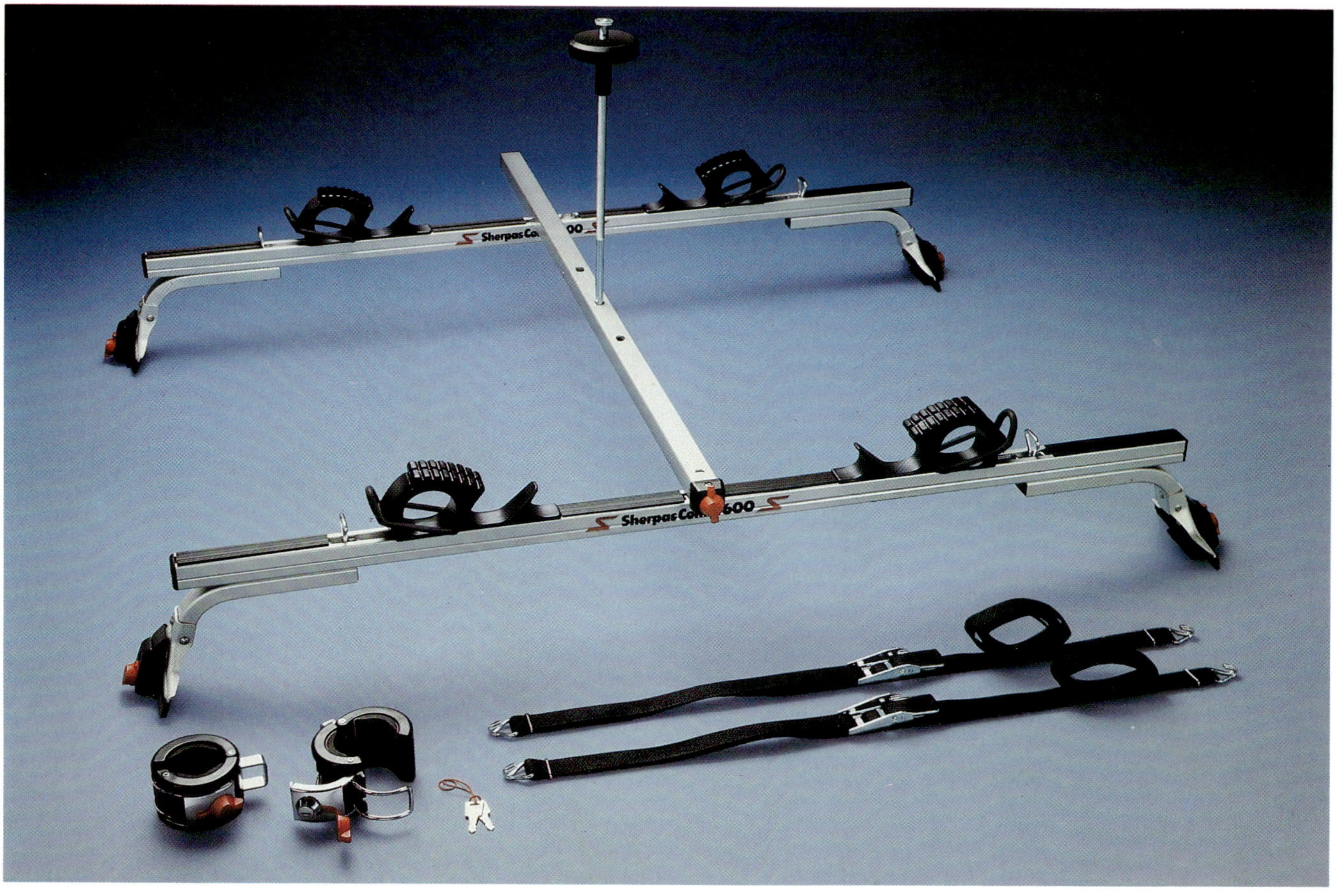

Bestandteile eines diebstahlhemmenden Surfträgers

Verpacken auf dem Autodach

Grundsätzlich wird das Brett mit dem Bug nach vorn und der Brettunterseite nach oben auf den Träger gelegt. Das ist während der Fahrt auch bei höheren Geschwindigkeiten (Richtgeschwindigkeit von 130 km/h ist noch unbedenklich) aerodynamisch am günstigsten.
Der Träger sollte mit geeigneten Schaumstoff- oder Gummiauflagen gepolstert sein. Zur Befestigung dürfen nur Spanngurte aus starkem Kunstfasergewebe verwendet werden. Sie werden nur so fest angezogen, daß sich das Brett nicht mehr bewegen läßt. Das Spannen der Gurte sollten Sie deshalb nicht mit roher Gewalt, sondern mit Fingerspitzengefühl vornehmen.
„So fest wie möglich“ wäre zum Beispiel ganz falsch. Ein übermäßiges Zerren an den Spanngurten führt bei bestimmten Materialien zu unschönen Vertiefungen. Das Brett verbeult schon, bevor Sie es zum erstenmal gefahren haben. Die Fahreigenschaften werden bestimmt beeinträchtigt, wenn die Unebenheiten an der Brettunterseite auftreten.
Wichtiger noch ist, daß Sie den „guten Sitz“ der Gurte nach kurzer Fahrt und besonders bei Regen überprüfen und auf längeren Fahrten bei jedem Halt nachschauen, weil sich die Lage der Bretter verändern und die Gurte sich dehnen können.
Der Gabelbaum wird je nach Träger auf oder unter dem Brett befestigt. Bei abschließbaren Trägern ist er in der Regel unter dem Brett festgeklemmt. Um die Gabelbaumbeschichtung zu schonen, können Sie zunächst das Brett allein und darauf oder daneben den Gabelbaum mit Tampen oder Gummiexpandern befestigen.
Der Mast sollte zweckmäßigerweise in

Schlecht erkennbare Teile (Mast, Trägerholm) dürfen nicht seitlich, Brett und Mast dürfen keinesfalls nach vorne überstehen

Gesetzliches zum Dachtransport

- Zulässiges Gesamtgewicht und zulässige Dachlast nicht überschreiten.
- Überstand vorne ist verboten, seitlich dürfen keine schlecht erkennbaren Teile der Ladung überstehen.
- Überstand hinten bis 1 m ohne Kennzeichnung zulässig, über 1 m tagsüber rote Fahne, nachts rotes Licht.

Tips zum Dachtransport

- Das Fahrverhalten, besonders in Kurven und bei Seitenwind, verändert sich!
- Tragfähigkeit des Dachträgers beim Hersteller erfragen!
- Träger nach Gebrauch vom Dach entfernen (Treibstoffverbrauch, Verschmutzung, Rost etc.).
- Diebstahlsicherung anbringen.
- Brett richtig auflegen, Druckstellen vermeiden!
- Spanngurte nur so festziehen, daß sich das Brett auf dem Träger nicht bewegen kann. Nicht mehr als nötig!
- Festen Sitz des Trägers und der Gurte, Expander etc. bei längeren Fahrten öfters überprüfen. Nasse Gurte dehnen sich!

dafür vorgesehene Halterungen am Träger geklemmt werden. Auch wenn solche Masthalterungen zusätzlich gekauft werden müßten, ist diese Anschaffung zu empfehlen, da eine sichere Befestigung des Mastes mit Tampen oder Expandern zwar auch möglich, aber vergleichsweise umständlich ist. Auch für Masten sind geeignete Diebstahlsicherungen erhältlich.
Achten Sie beim Beladen darauf, daß Brett und Mast keinesfalls nach vorne oder seitlich über den Fahrzeugumriß hinausragen. Auch der Träger selbst darf seitlich nicht überstehen, er muß notfalls mit der Säge verkürzt werden. Ein Überstand nach hinten ist unproblematisch, wenn er nicht mehr als einen Meter beträgt. Andernfalls muß ein rotes Warntuch (ca. 30 x 30 cm), bei Nacht eine rote Warnleuchte am überstehenden Teil gut sichtbar angebracht werden.
Messen Sie mit dem Zollstock nach, um kein Bußgeld zu riskieren.
Bevor Sie ins Ausland fahren, besorgen Sie sich die dort geltenden Vorschriften für den Dachtransport; diese weichen vor allem hinsichtlich des zulässigen Überstands und der Kennzeichnungspflicht oft von den deutschen Vorschriften ab.

Autofahren mit dem Brett auf dem Dach

Durch das zusätzliche Gewicht auf dem Dach ändert sich das Fahrverhalten Ihres Pkws, was sich speziell in Kurven bemerkbar macht. In jedem Fall sollten Sie sich erst vorsichtig an das Fahren mit hoher Dachlast gewöhnen. Zusatzgewicht und erhöhter Luftwiderstand der Bretter auf dem Dach wirken sich außerdem nachteilig auf das Beschleunigen beim Überholen und den Benzinverbrauch aus. Auch Seitenwind werden Sie deutlicher als ohne Dachgepäck spüren.
Transportieren Sie zwei Bretter auf dem Dach, so legen Sie diese nicht neben-, sondern übereinander. Der Auftrieb bleibt dann geringer, das Fahrverhalten bei höheren Geschwindigkeiten ist deutlich besser.

Haben Sie alles eingepackt?

Auch wenn schönes Wetter, Wind und knappe Zeit zur Hektik verleiten, gehen Sie vor der Abfahrt erst noch die folgende Kontrolliste durch: Sie glauben gar nicht, was man alles vergessen kann!

Auf dem Dach
Brett, Gabelbaum, Mast
(Profilsegelsack)

Im Kofferraum
Segelsack:
Segel (großes/kleines)
Latten (Ersatzlatte?)
Mastfuß
Schwert
3 Tampen (Trimmschot, Masttampen, Vorliekstrecker)
6 m Ersatztampen (dient gleichzeitig als Abschleppleine)

Bekleidung und Zubehör
Wärmeschutzanzug
Surfschuhe
Handtuch
Werkzeug und
Reparaturmaterial
Ersatzteile

Die Vorbereitungen für den Heimweg sollten trotz Hunger, Müdigkeit und Zeitdruck nach demselben Schema ablaufen. Was am Strand liegenbleibt, ist Strandgut und meist endgültig weg. Nur mit viel Glück erhalten Sie Liegengebliebenes über eine ansässige Surfschule oder die Seeverwaltung wieder zurück.

Theoretische Grundlagen

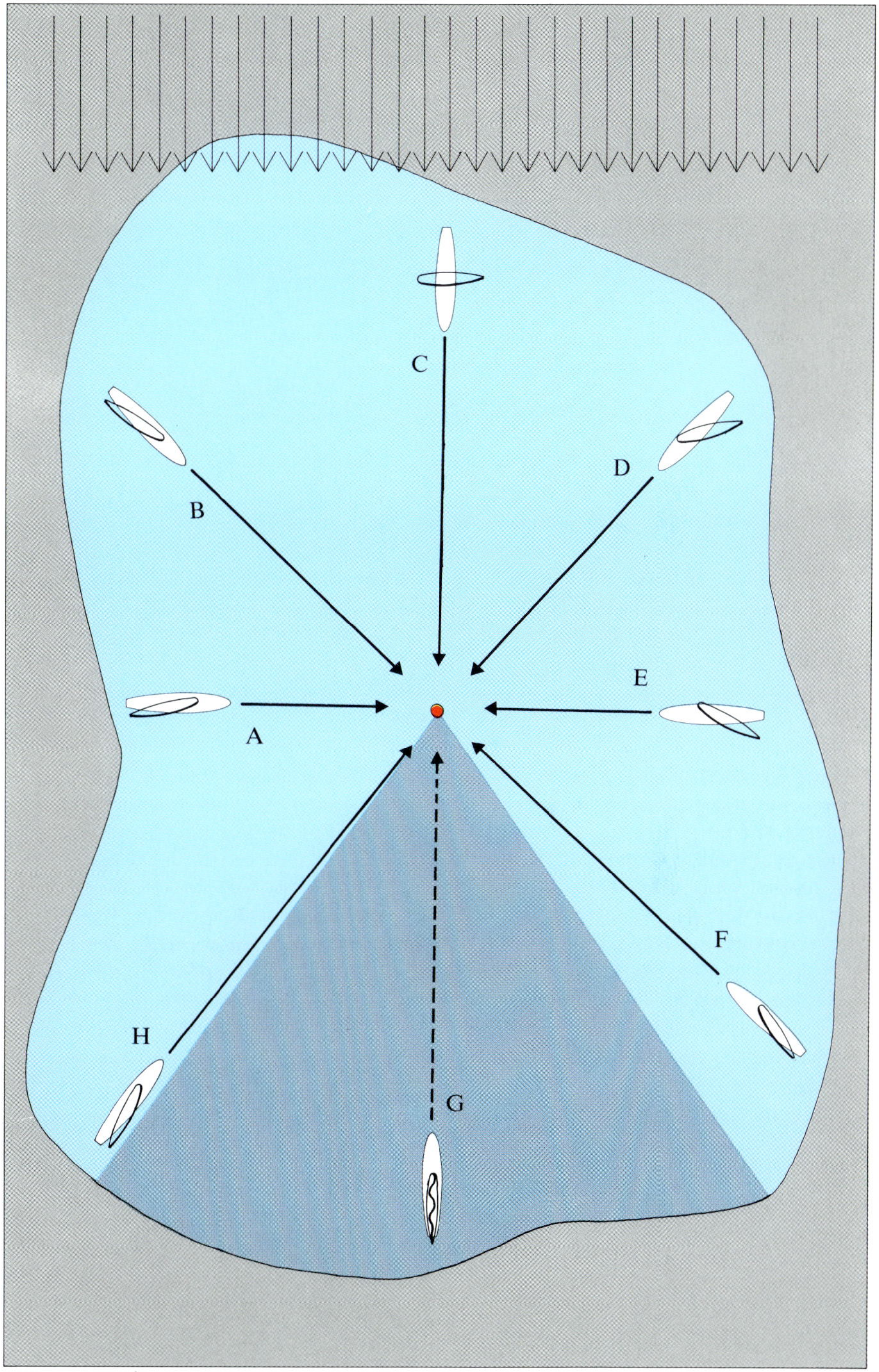

Kurse

Die Abbildung stellt Surfer dar, die alle versuchen, vom Ufer eines Sees auf kürzestem Weg zu der Boje in der Mitte zu kommen.
Surfer A und E haben eine Fahrtrichtung, die Sie bereits vom Start her kennen: Der Wind kommt genau von der Seite. Sie fahren „Halbwindkurs".

Alle Fahrtrichtungen, die weiter nach Lee gerichtet sind als der Halbwindkurs, heißen „Raumwindkurse". Surfer B und D fahren auf solchen „raumen" Kursen. Auch Surfer C fährt vom Wind weg; er hat den Wind sogar genau von hinten und fährt vor dem Wind. Dieser Kurs heißt dementsprechend „Vorwindkurs".

Alle Kurse, die weiter nach Luv gerichtet sind als der Halbwindkurs, heißen „Amwindkurse". Auf diesen Kursen fahren Surfer H und F. Und Surfer G? Er liegt in einem Bereich, der es ihm unmöglich macht, auf direktem Weg zur Boje zu kommen. Denn genau gegen den Wind zu segeln ist nicht möglich. Die Surfer H und F fahren bereits auf einem Kurs schräg gegen den Wind, mit einem sehr spitzen Winkel zum Wind. Dieser spezielle Kurs wird „Hoch-am-Wind-Kurs" genannt.

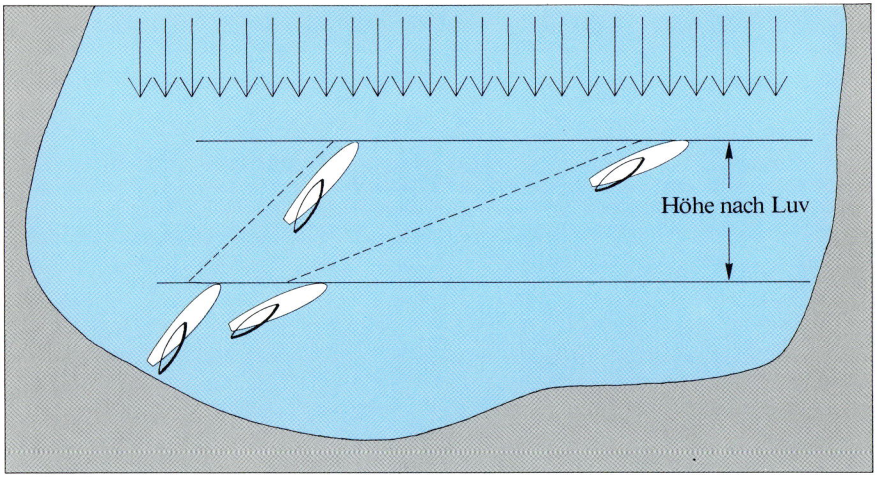

Mit Amwindkursen gewinnt man „Höhe“ zum Wind, mit raumen Kursen verliert man Höhe.
Als Höhe wird der Abstand zwischen (gedachten) Linien bezeichnet, die rechtwinklig zur Windrichtung durch die Ausgangs- und die jeweilige Standortposition gezogen werden.
Richtiges „Höhelaufen“ wird auf Seite 47 beschrieben.

Auf raumem Kurs, dem schnellsten Kurs beim Surfen

Steuern

Segelboote werden mit Hilfe eines Ruders gesteuert. Solch eine „drehbare Heckflosse" haben Sie beim Surfbrett nicht.
Dennoch lassen sich Surfbretter präzise lenken.
Zur Erklärung des Steuerungsprinzips folgen einige Aussagen über die Wirkung von Kräften an Brett und Segel, allerdings für diesen Zweck stark vereinfacht.
Der am Segel entlangströmende Wind erzeugt eine Kraft. Sie greift am „Segeldruckpunkt" (SDP) an. Dieser Ansatzpunkt der Segelkraft liegt etwa im Bereich der tiefsten Wölbung des Segels, oberhalb vom Gabelbaum.
Im einzelnen hängt die *Lage des Segeldruckpunktes* ab von der Größe und dem Umriß des Segels sowie vom Segelprofil, also der Lage und Tiefe der Segelwölbung.
Für die *Richtung der Segelkraft* läßt sich vereinfacht sagen, daß sie senkrecht zur Segelsehne wirkt. Die Segelsehne ist eine gedachte Verbindungslinie zwischen Vorliek und Schothorn in Höhe des Gabelbaums.
An den Teilen des Surfbretts, die unter Wasser liegen, setzt die *Widerstandskraft des Wassers* an.
Der Angriffspunkt dieser Kraft wird „Lateraldruckpunkt" (LDP) genannt. Er liegt bei einem Allroundboard etwa im Bereich des Schwerts.
Die jeweilige *Lage des Druckpunktes am Brett* wird beeinflußt durch alle unter Wasser befindlichen Teile, durch die Standposition des Surfers auf dem Brett und durch die Fahrgeschwindigkeit.
Die *Richtung der Widerstandskraft* des Wassers ist der Richtung der Segelkraft genau entgegengesetzt.

Bei Geradeausfahrt liegen die Wirkungslinien von Segelkraft (Ks) und Widerstandskraft (Kw) parallel übereinander.
Die Steuerung des Surfbretts erfolgt durch Verschieben der beiden Kräfte gegeneinander. Dadurch entsteht ein Drehmoment, dessen Größe vom Betrag der angreifenden Kräfte und dem Abstand der „Kraftwirkungslinien" abhängt.

Für die Steuerung gibt es zwei Möglichkeiten:
In der Regel wird durch Neigen und Kippen des Riggs die Segelkraft verlagert („Riggsteuerung").
Geübte Surfer können ihr Brett auch steuern, indem sie bis weit auf das Heck gehen oder das Brett absichtlich um Längs- und Querachse verkanten (sogenannte „Brettsteuerung").
Bei dieser Steuerungstechnik wird die

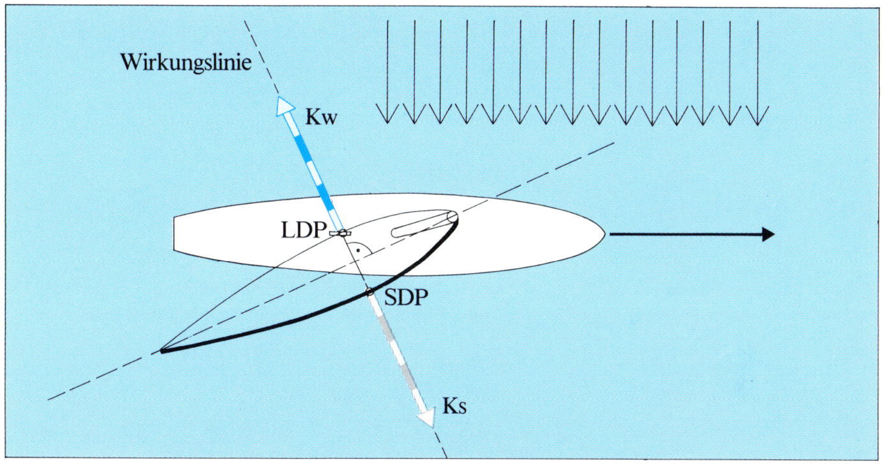

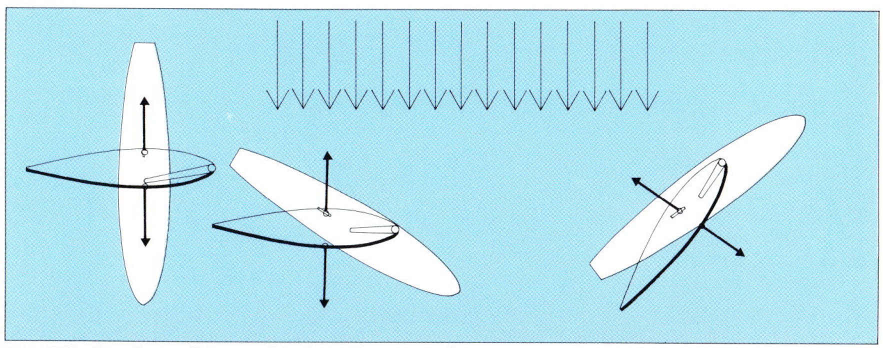

Ein Windsurfbrett fährt auf jedem Kurs geradeaus, wenn die Wirkungslinien von Segelkraft (K_s) und Widerstandskraft (K_w) parallel übereinander liegen (SDP, LDP = Segel- bzw. Lateraldruckpunkt)

Lateralkraft verlagert. Dies ist besonders wirksam bei höheren Geschwindigkeiten und daher eher eine Starkwindtechnik.
Beide Steuerungsvarianten lassen sich auch miteinander kombinieren.
Das setzt aber viel Übung und sichere Beherrschung der Riggsteuerung voraus.
Dieses Buch beschränkt sich auf die Vermittlung der Riggsteuerung.
Ein wichtiger Hinweis in diesem Zusammenhang für Ihre eigenen Übungen: Sie sollten konsequent darauf achten, daß Ihr Brett beim Fahren immer flach auf dem Wasser liegt. Ein unabsichtliches Verkanten des Brettes um die Längsachse führt zu ungewollten Brettreaktionen.
Das macht sich besonders stark auf Vorwindkurs bemerkbar.
Als Faustregel für die Brettsteuerung bei einem Allroundbrett mit langem Schwert gilt: Belastung der kurvenäußeren Brettkante unterstützt und beschleunigt die Drehung. Belastung der Innenkante verlangsamt die Drehung oder verhindert sie ganz.
Hier nochmals die beiden Steuerungstechniken im schematischen Vergleich:

Riggsteuerung
Merke: Lateralkraft konstant, Segelkraft verlagert

Brettsteuerung
Merke: Segelkraft konstant, Lateralkraft verlagert

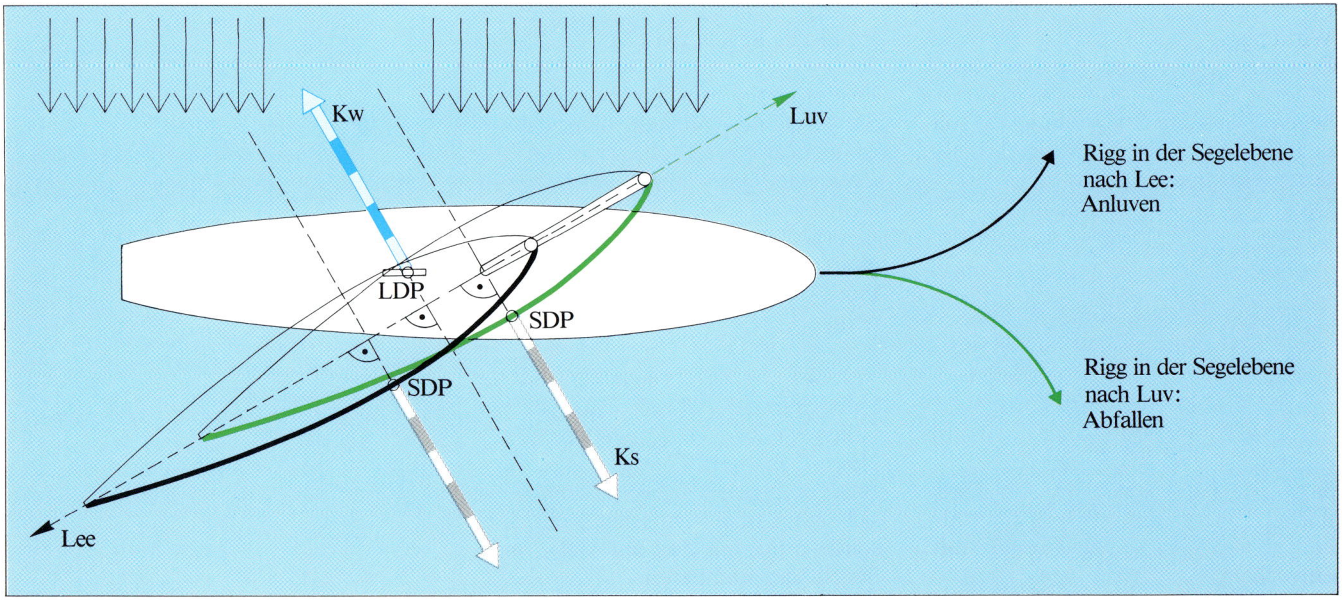

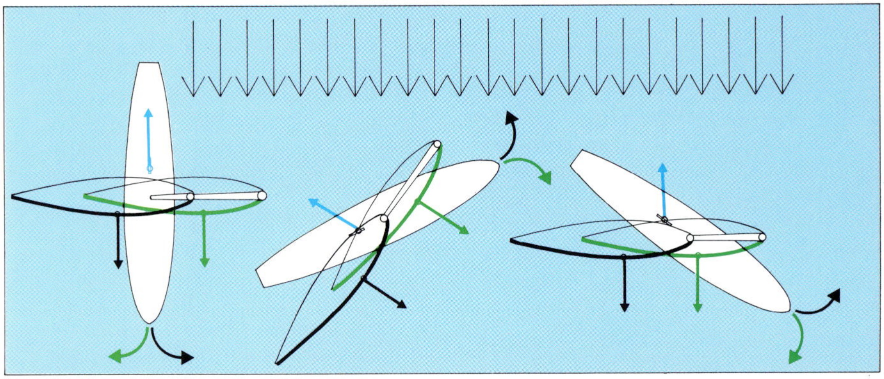

Riggsteuerung: Die Wirkungslinien von Segelkraft (K_s) und Widerstandskraft (K_w) liegen nicht mehr übereinander. Zwischen dem Angriffspunkt der Segelkraft und dem Angriffspunkt der Widerstandskraft besteht ein Drehmoment. Das durch Kippen des Riggs entstehende Drehmoment wird am größten, wenn das Rigg rechtwinklig zur Wirkungslinie von Segelkraft und Widerstandskraft gekippt wird, das heißt: in der Segelebene (siehe auch Seite 42)

Bedeutung des Segelprofils

Vom Aufriggen wissen Sie, daß das Segel mit Vorliekstrecker und Trimmschot gespannt werden muß; durch dieses Trimmen wird das Profil des Segels in die richtige Form gebracht. Neben den unterschiedlichen Größen und Umrißformen eines Segels sind vor allem die Lage und Tiefe der Profilwölbung entscheidend für seine Wirkung.
Der tiefste Punkt eines Surfsegels muß näher zum Vorliek als zum Schothorn liegen. Die Tiefe der Wölbung (a) soll ungefähr ein Zehntel bis ein Achtel der Segelsehnenlänge betragen.
Das Segel in der Abbildung unten ist „flach" geschnitten, die tiefste Stelle liegt deutlich vor der Mitte.
Der Vorteil flacher Segel ist, daß sie sich leicht aus dem Wasser ziehen lassen und nicht so empfindlich auf Veränderungen des Anstellwinkels reagieren. Der Zug eines flachen Segels wirkt insgesamt mehr in Fahrtrichtung als bei einem bauchigen Segel. Deshalb ist der Wirkungsgrad flacher Segel besonders gut, obwohl bauchigere Profile mehr Gesamtkraft entwickeln.

Bedeutung des Anstellwinkels

Ihr Segel „zieht" nur optimal, wenn die Wölbung vollständig vom Wind gefüllt ist und das Segel gerade nicht mehr flattert. Das Segel in dieser Weise „richtig halten" bedeutet physikalisch: Der Winkel zwischen relativem Wind (siehe Seite 108) und Segelsehne (der „Anstellwinkel") muß stimmen. Er beträgt je nach dem Profil des Segels zwischen ca. 15° und 20°.
Den richtigen Anstellwinkel müssen Sie sorgfältig einhalten, denn dies ist Voraussetzung, um optimale Geschwindigkeit zu fahren bei geringstem Kraftaufwand.
Überprüfen können Sie die richtige Stellung Ihres Segels zum Wind, indem Sie es immer nur so dicht nehmen, daß es vorn am Vorliek gerade nicht killt. Dazu fieren Sie so weit, bis das Segel dicht am Mast zu killen anfängt, und holen dicht, bis das Killen wieder verschwindet (vergleiche „Dichtholen und Fieren", Seite 32).
Bei durchgelatteten Segeln können Sie sich kaum an der optischen Kontrolle, sondern nur am Zug auf Mast- und Segelhand orientieren.

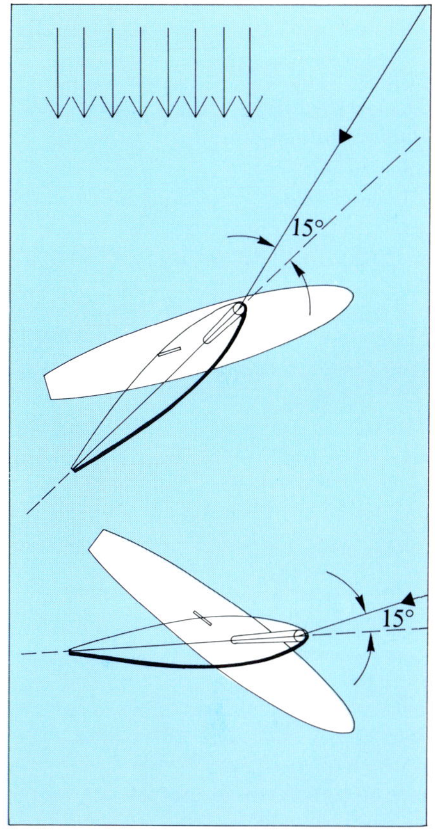

Anstellwinkel: Winkel zwischen Segelsehne und Richtung des zum Segeln benutzten Windes (siehe „Der Wind, mit dem Sie surfen", Seite 108)

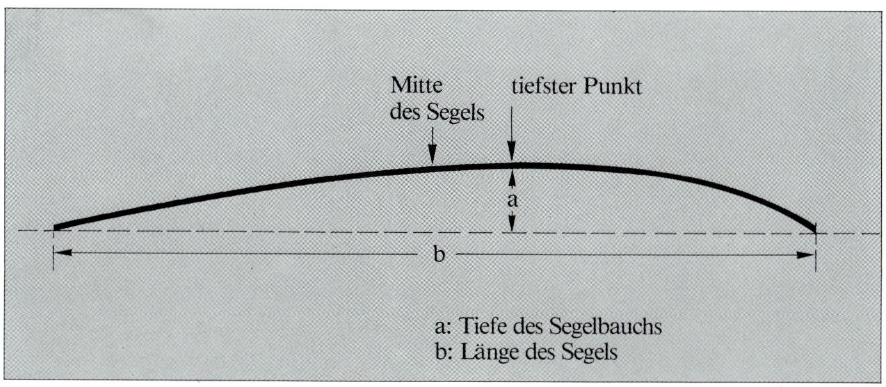

Profil mit Bauch bei etwa 40 % der Länge, Tiefe ca. 10 %

Strömung am Segel

Um sich den Zusammenhang zwischen Segelprofil, Anstellwinkel und Segelkraft klarzumachen, müssen Sie sich vorstellen, daß der Wind, den Sie zum Surfen als Antriebskraft benutzen, „bewegte Luft" ist.
Die Luft besteht genaugenommen aus lauter winzig kleinen Luftteilchen, die jedes für sich Gewicht und Masse haben. Diese haben die Eigenschaft, die eingeschlagene Richtung und Geschwindigkeit beizubehalten, solange sie auf kein Hindernis stoßen. Wenn Sie Ihr Segel quer zum Wind stellen, treffen diese Luftteilchen auf das Segel und drücken es in Windrichtung (nebenstehende Abbildung). Das ist nichts anderes, als wenn der Wind Blätter vor sich hertreibt. Um vorwärtszukommen, würden Sie noch nicht einmal ein Segel benötigen. Dazu wäre jeder flache und möglichst große Gegenstand genausogut geeignet. Diese Aussage trifft aber nur zu, solange Sie genau in Windrichtung fahren wollen. Anders ist es, wenn Sie einen Kurs quer zum Wind oder sogar schräg zum Wind hin planen. Schauen Sie sich dazu die Abbildung rechts und auf Seite 105 oben an.

Die eingezeichneten Strömungslinien kennzeichnen den Weg einzelner Luftteilchen innerhalb der Luftströmung.
In einigem Abstand vom Segel strömen sie auf der Luv- und auf der Leeseite ungehindert vorbei.
Anders als bei einem quer in den Luftstrom gehaltenen Segel weichen die Luftteilchen in der Nähe des Segels nicht nach allen Seiten aus, sondern sie werden umgelenkt in Bahnen, die

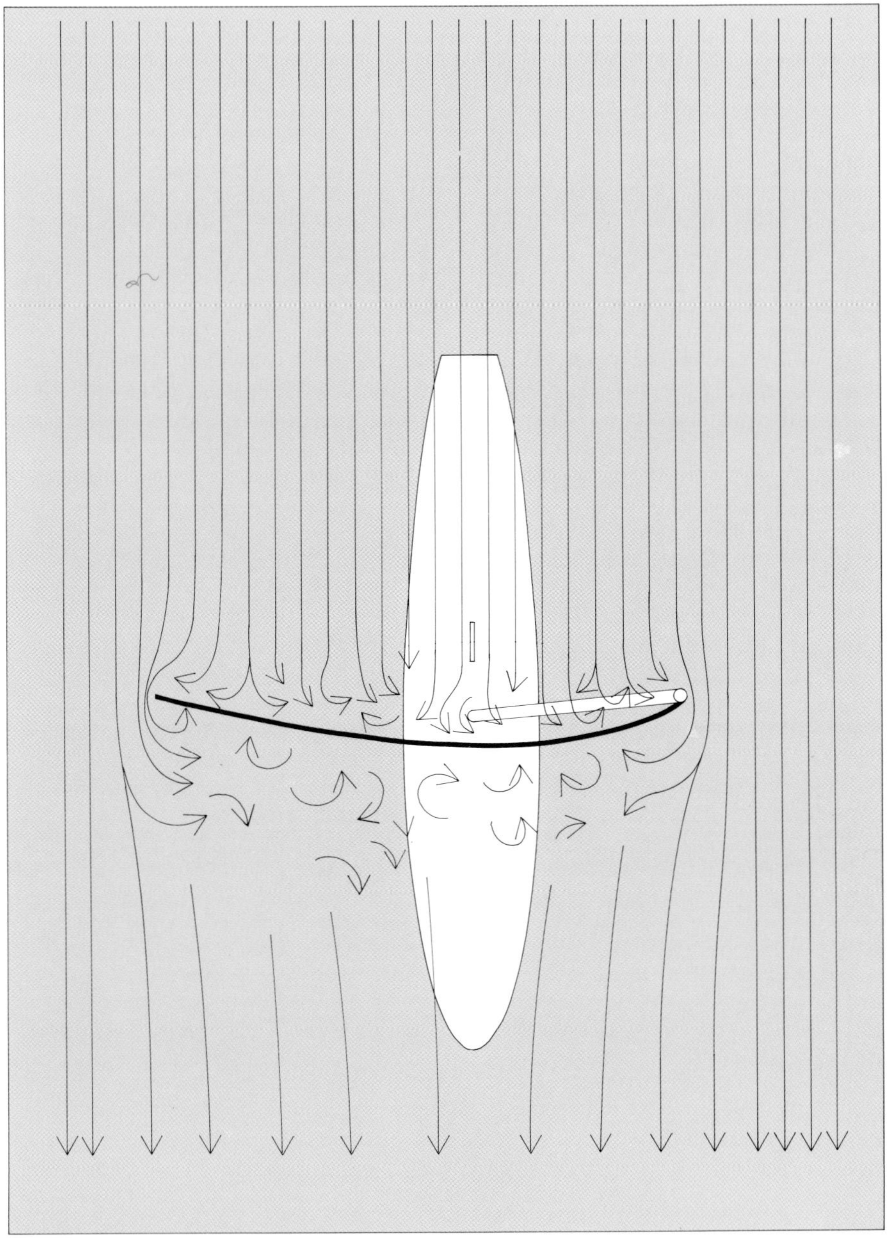

Wind am Segel bei Vorwindkurs

Abdeckung

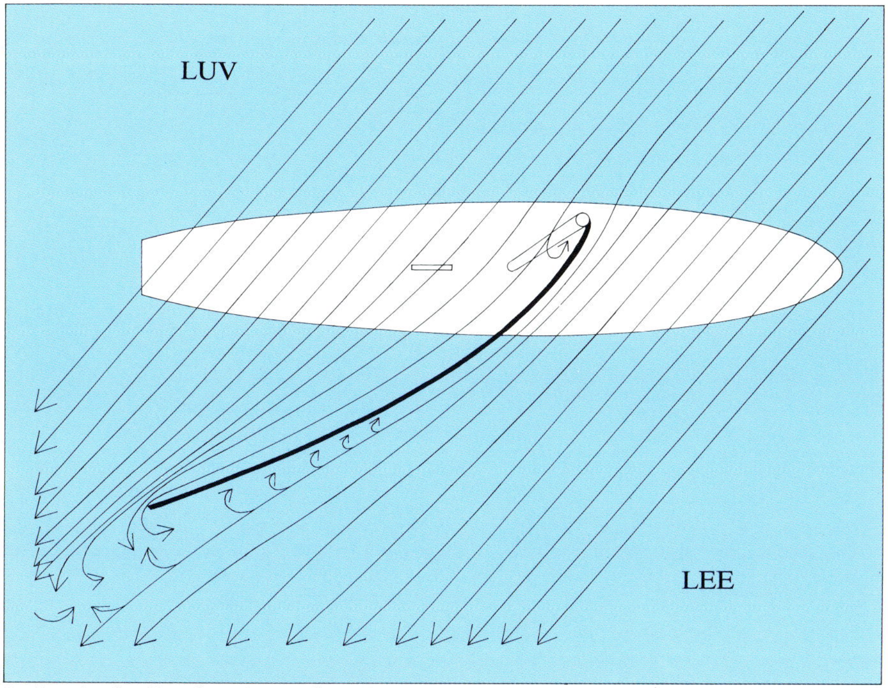

In Lee ist der Druck geringer als in Luv.
Die Druckdifferenz am Segel (Auftrieb) sorgt für die Fahrt des Brettes

Der Bereich verwirbelter Luft in Windrichtung hinter dem Segel heißt auch „Abdeckung". Ihre Ausdehnung ist abhängig unter anderem von der Segelgröße und -form und von der Windgeschwindigkeit. Wenn Sie mit Ihrem Surfbrett ein anderes Segelfahrzeug auf dessen Leeseite überholen wollen, müssen Sie den Bereich dieser Abdeckung meiden, um nicht im „Windschatten zu verhungern". Falls Sie selbst in Luv überholt werden, müssen Sie damit rechnen, daß Sie während der Vorbeifahrt in den Bereich der Abdeckung des Überholers kommen. Der Druck im Segel kann plötzlich so stark nachlassen, daß Sie nach Luv ins Wasser fallen. Sie vermeiden diese Nachteile, wenn Sie beim Überholen einen Abstand von dem Fahrzeug in Luv halten, welcher mindestens einer Mastlänge entspricht. Dann fahren Sie auch nach den Ausweichregeln vorschriftsmäßig (vergleiche Seite 70).

ein Stück weit der Wölbung des Profils folgen.
Die Umlenkung durch die Segelwölbung bewirkt bei den Luftteilchen, daß sie auf der Leeseite des Segels beschleunigt und auf der Luvseite verlangsamt werden. Da der Druck in einer Strömung abhängig ist von ihrer Geschwindigkeit (je schneller die Strömung, desto geringer ist der Druck in ihr), besteht durch die unterschiedliche Geschwindigkeit auf der Luvseite (langsamer) und auf der Leeseite (schneller) auch ein Druckunterschied: *In Lee ist der Druck geringer als in Luv.*

Das Segel wird quasi *nach Lee gesogen.* Der Druck auf der Luvseite und der Unterdruck auf der Leeseite des Segels ergeben zusammen die Kraft, welche die Strömung am Segel entwikkelt und die als Antriebskraft für die Fortbewegung mit dem Surfbrett genutzt wird. Sowohl an der Luvseite als auch an der Leeseite des Segels verwirbelt die Strömung, nachdem sie sich unterschiedlich lange an die Wölbung des Segels angepaßt hat. Erst in einigem Abstand strömen die Luftteilchen in Windrichtung hinter dem Segel wieder in „geordneten Bahnen" unverwirbelt nebeneinander.

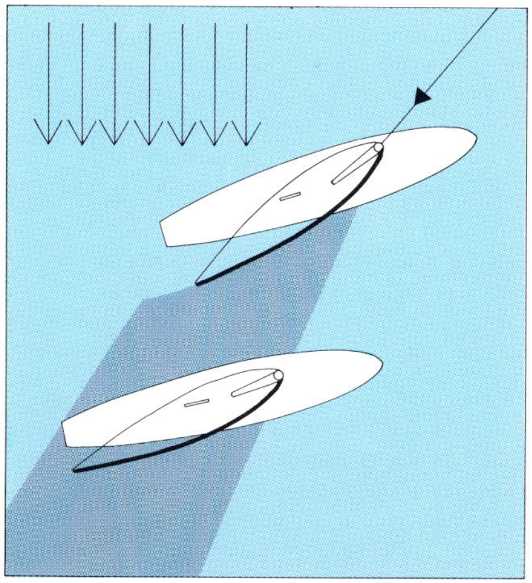

Abdeckung

Querkraft und Vortrieb

Bei der Steuerung wurde schon darauf hingewiesen: Die am Segel entlangströmende Luft erzeugt eine Kraft (Segelkraft), die im Segeldruckpunkt ansetzt. Diese Segelkraft (Ks) kann nicht bei allen Fahrtrichtungen zum Wind in vollem Betrag für den Vortrieb genutzt werden. Zeichnerisch läßt sich die Segelgesamtkraft in eine in Fahrtrichtung und eine quer zum Brett wirkende Kraft zerlegen. Der Vortrieb zeichnet dabei verantwortlich für die Fahrt voraus (Skizze oben).
Die Querkraft versucht, das Brett während der Fahrt zur Leeseite hin von der Fahrtrichtung abzudrängen, und sie kann bewirken, daß Sie ein zunächst angesteuertes Ziel am Wasser ohne Kursänderung oder gar Manöver überhaupt nicht erreichen. Sie werden durch die Querkraft gegenüber dem geplanten Kurs versetzt (Skizze Mitte). Der Winkel zwischen gewolltem und erreichtem Kurs wird auch ,,Abdriftwinkel“ genannt. Je nach Windstärke und Form des Unterwasserschiffs von

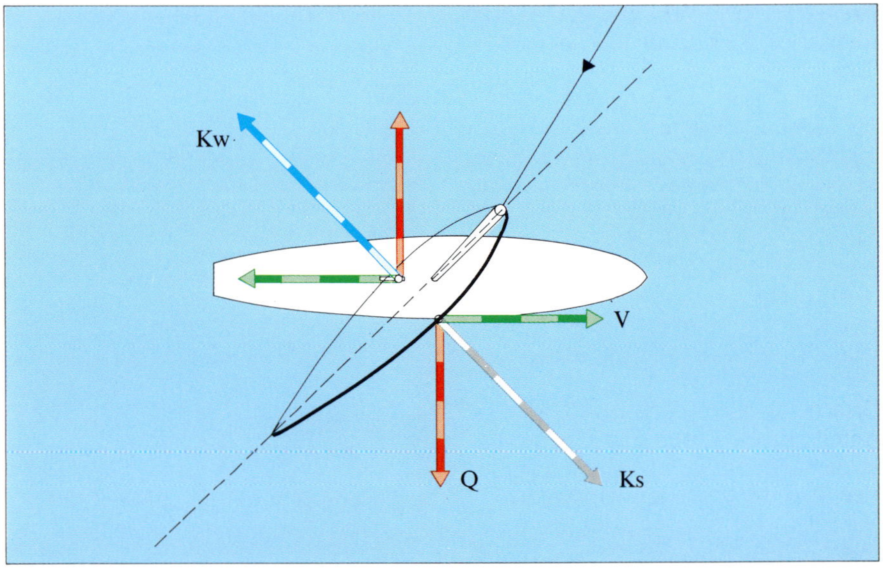

K_s = Segel(gesamt)kraft, V = Vortrieb, Q = Querkraft, K_w = Widerstandskraft

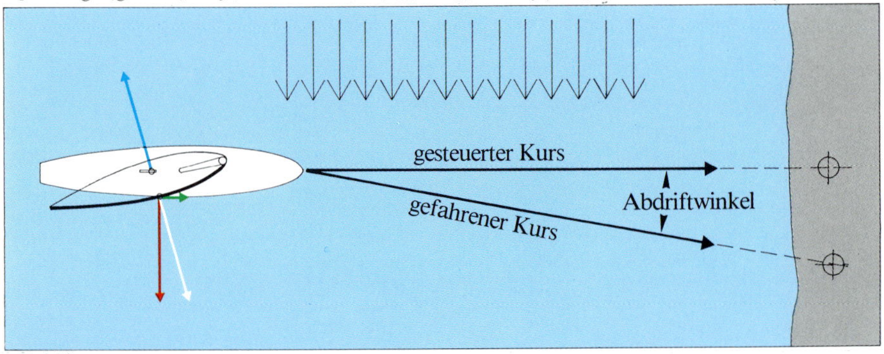

Abdrift

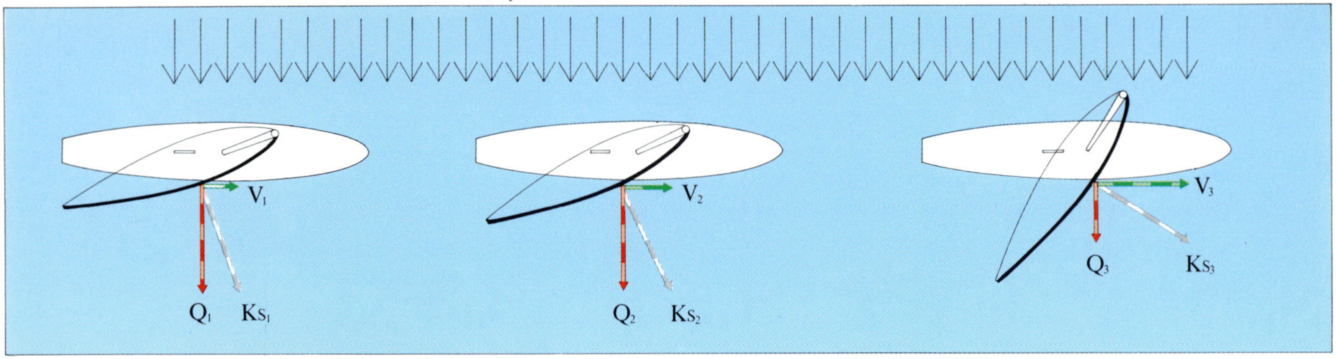

Je dichter das Segel gefahren werden muß, um so größer wird der Anteil der Querkraft (Q) und um so kleiner der Anteil des Vortriebs (V) an der Segelkraft

Ihrem Surfbrett wirkt sich die Abdrift mehr oder weniger stark auf Ihren Kurs aus.
Wichtig ist nun, wie bzw. warum sich die Kräfte im Kräfteparallelogramm zugunsten der Querkraft oder zugunsten des Vortriebs verschieben, denn wünschenswert ist natürlich ein hoher Anteil an Vortriebskraft an der Segelgesamtkraft.
Das Verhältnis von Vortriebskraft zur Querkraft hängt nicht vom Kurs, sondern ausschließlich von der Segelstellung ab.
Ursache für eine Veränderung der Anteile von Vortrieb und Querkraft ist demnach einzig und allein jede Veränderung der Segelstellung, das heißt jede Veränderung des Winkels zwischen Segel und Brett.
Die Skizze auf Seite 106 unten verdeutlicht, daß die Querkraft abnimmt, je größer der Winkel zwischen Segel und Brett wird. Umgekehrt nimmt die Querkraft erheblich zu, wenn das Segel mehr zur Brettkante herangeholt wird.

Das heißt für Sie in der Praxis:

Je weiter Sie das Segel zur Brettkante heranholen müssen, damit es optimal angeströmt wird und der Anstellwinkel stimmt, desto größer werden die Querkräfte und damit auch die Abdrift.

Andererseits gilt auch:
Je weiter Sie den Winkel zwischen Segel und Brett öffnen können, damit das Segel richtig „zieht", desto mehr wirkt die Segelkraft in Fahrtrichtung, und desto geringer werden die Querkräfte; die Abdrift wird geringer.

Wenn Sie Ihr Segel falsch an den Wind stellen, hat das ebenfalls Folgen für die Richtung der Segelkraft und den Anteil von Vortrieb und Querkraft.
Ein zu dicht genommenes Segel (Anstellwinkel zu groß) bewirkt, daß die Strömung auf der Leeseite des Segels sehr früh abreißt. Der „Sog" wird geringer und damit auch die Kraft im Segel.
Zusätzlich nimmt die Querkraft durch die ungünstige Kraftrichtung der Segelkraft zu.
Ein zu offen gehaltenes Segel (Anstellwinkel zu klein) bewirkt, daß es im vorderen Drittel flattert (killt) oder sogar einen Gegenbauch bildet.
In beiden Fällen würden Sie erkennbar an Fahrt verlieren. Denn das optimal umströmte Segel (Anstellwinkel richtig) ist ausschlaggebend für den Betrag der Segelkraft und damit letztlich wieder für Ihre Geschwindigkeit. Zusätzlich verändert sich bei einem falsch angeströmten (angestellten) Segel auch die Lage des Segeldruckpunktes, das heißt der Angriffspunkt der Segelkraft. Bei zu kleinem Anstellwinkel wird das Brett „luvgierig"; ein zu großer Anstellwinkel kann Ursache für den Schleudersturz sein (vergleiche Kapitel „Steuern", S. 42).

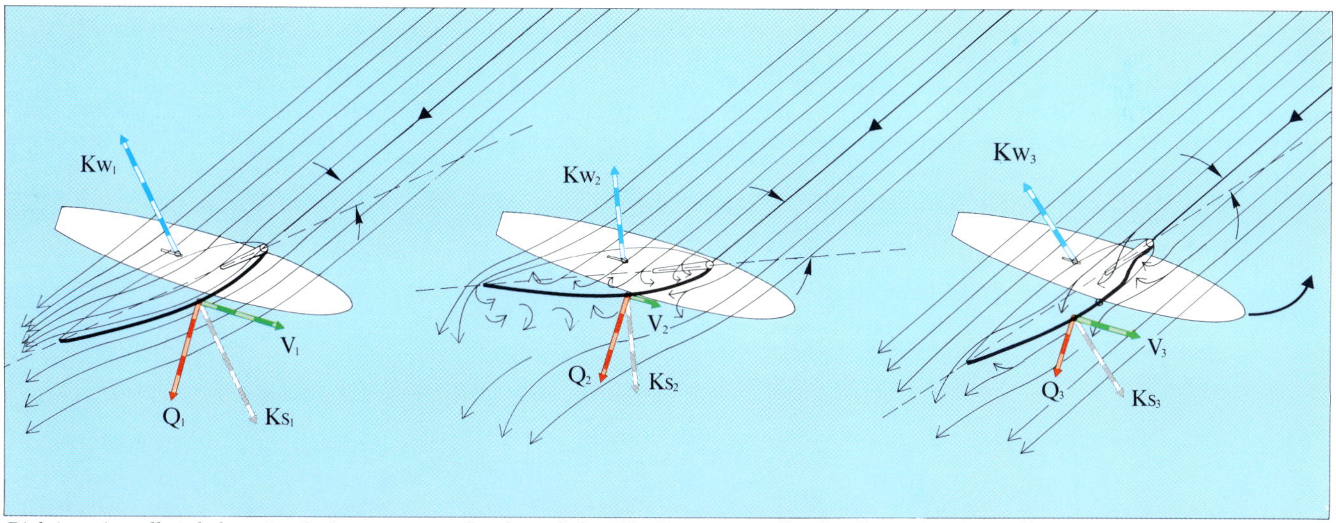

Richtiger Anstellwinkel: optimale Strömung am Segel, günstiges Verhältnis von Vortrieb zu Querkraft

Segel zu dicht: Die Strömung reißt ab, die Gesamtkraft (K_s) wird kleiner, der Anteil der Querkraft (Q) und damit die Abdrift ist groß

Segel zu offen: Am Vorliek fällt das Segel ein. Das vordere Drittel des Segels zieht nicht, die Segelkraft (K_s) verlagert sich Richtung Schothorn, das Brett luvt an

Der Wind, mit dem Sie surfen

Bisher wurde in diesem Buch immer nur allgemein von Wind gesprochen. Aber der Wind, den Sie am Ufer eines Gewässers spüren, wenn Sie zum Beispiel prüfen, ob der Wind auf- oder ablandig weht, ist nicht der Wind, den Sie beim Windsurfen für Ihre Fahrt nutzen: Dieser Wind unterscheidet sich in Richtung und Geschwindigkeit von dem „normalen", dem atmosphärischen Wind, den Sie kennen.
In dem Kapitel „Strömung am Segel" (S. 104) wurde bereits erklärt, daß Luft („Luftteilchen") Gewicht bzw. Masse hat. Wenn ein Gegenstand – gleich ob Tennisball, Auto oder Surfbrett – sich schneller oder langsamer als die umgebende Luft bewegt, muß ein Luftwiderstand überwunden werden. Dieser Luftwiderstand wird Fahrtwind genannt; Sie kennen ihn beispielsweise vom Autofahren.
Fahrtwind entsteht unabhängig davon, ob Windstille herrscht oder Wind weht. Die Geschwindigkeit des Fahrtwindes entspricht der Geschwindigkeit des Fahrzeuges; seine Richtung ist der Fahrtrichtung genau entgegengesetzt.
Was bedeuten diese abstrakten Aussagen für Sie beim Windsurfen?
Schauen Sie sich die untenstehende Abbildung an.
Solange Sie in der Grundstellung mit killendem Segel auf dem Brett stehen, spüren Sie nur den atmosphärischen Wind (Surfer A). Sobald Sie starten und Fahrt aufnehmen, entsteht zusätzlich Fahrtwind (Surfer B).
Fahrtwind und atmosphärischer Wind bilden gemeinsam den Wind, den Surfer B beim Fahren spürt und für den Antrieb durch sein Segel nutzt. Dieser Wind heißt relativer Wind, weil er aus dem Verhältnis (der „Relation") zweier Windarten mit unterschiedlicher Richtung und Geschwindigkeit entsteht.
Die oft verwendete Bezeichnung „wahrer Wind" für den atmosphärischen Wind und „scheinbarer Wind" statt relativer Wind ist irreführend, denn Sie können während der Fahrt auf Ihrem Brett ja nur den relativen Wind wirklich feststellen.

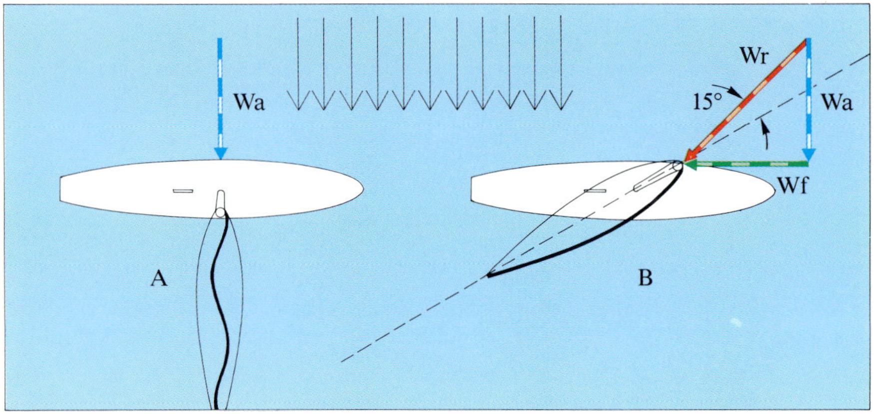

Der relative Wind (Wr) ist die Resultierende aus atmosphärischem Wind (Wa) und Fahrtwind (Wf)

Weil der relative Wind sich aus zwei Winden mit unterschiedlicher Richtung und Geschwindigkeit zusammensetzt, ändert er sich gleichfalls in Richtung und Geschwindigkeit,

– wenn sich die Richtung des atmosphärischen Windes ändert,
– wenn die Fahrtrichtung verändert wird,
– wenn die Geschwindigkeit des atmosphärischen Windes sich ändert,
– wenn sich die Fahrtgeschwindigkeit ändert.

Diese vier Einflußgrößen wirken einzeln oder in verschiedenen Kombinationen auf die jeweilige Richtung und Geschwindigkeit des relativen Windes ein. Dementsprechend können Sie beim Windsurfen nicht damit rechnen, daß Sie eine längere Strecke fahren können, ohne daß eine oder mehrere Einflußgrößen sich verändern und dadurch auch Richtung und Geschwindigkeit des relativen Windes verändert werden.
Für Ihre Fahrpraxis folgt daraus, daß Sie den Anstellwinkel Ihres Segels ständig überprüfen und korrigieren müssen, denn Ihr Segel arbeitet ja nur dann wirklich gut, wenn es im richtigen Winkel vom Wind angeströmt wird. Überprüfen Sie deswegen ständig, ob Ihr Segel in der idealen Stellung ist, also so, daß das Vorliek gerade nicht killt.
Zwei Einflußgrößen sollen noch gesondert behandelt werden: die Fahrtrichtung, die die Richtung des Fahrtwindes definiert, und die Fahrtgeschwindigkeit, der die Geschwindigkeit des relativen Windes entspricht.

Je schneller Sie fahren, desto mehr kommt der relative Wind von vorn; außerdem wird seine Geschwindigkeit größer. Wenn Sie zusätzlich noch einen Amwindkurs fahren, wirkt sich dies so aus, daß der relative Wind noch mehr von vorn kommt und seine Geschwindigkeit noch größer wird (vergleiche Abbildung „langsame Fahrt – schnelle Fahrt").
Daraus folgt:

● Ein sehr schnell fahrender Surfer kann weniger Höhe laufen als ein langsam fahrender Surfer. Wegen der höheren Fahrgeschwindigkeit kann er aber unter Umständen ein in Luv liegendes Fahrtziel sogar ebenso schnell oder noch schneller erreichen (vergleiche Abbildung Seite 100 oben).

● Auf Hoch-am-Wind-Kursen haben Sie es im Vergleich zu allen anderen Kursen stets mit viel Wind zu tun. Trotzdem fahren Sie hoch am Wind vergleichsweise langsam, denn das Segel muß für diesen Kurs so dichtgeholt werden, daß der Anteil der Querkraft an der Gesamtkraft des Segels groß und der Vortrieb gering ist.

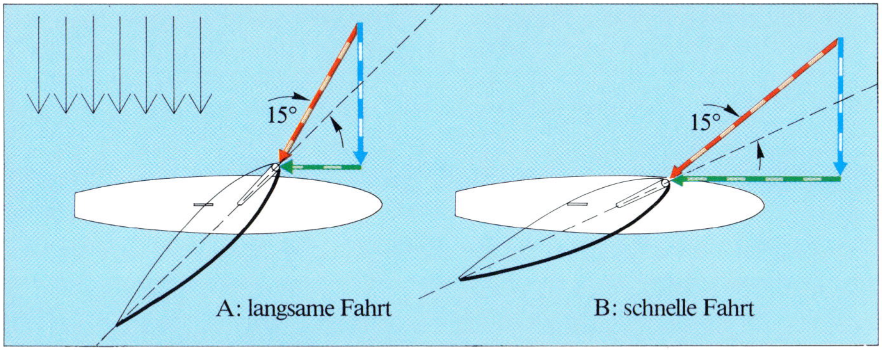

Je schneller Sie fahren, desto mehr kommt der relative Wind von vorn

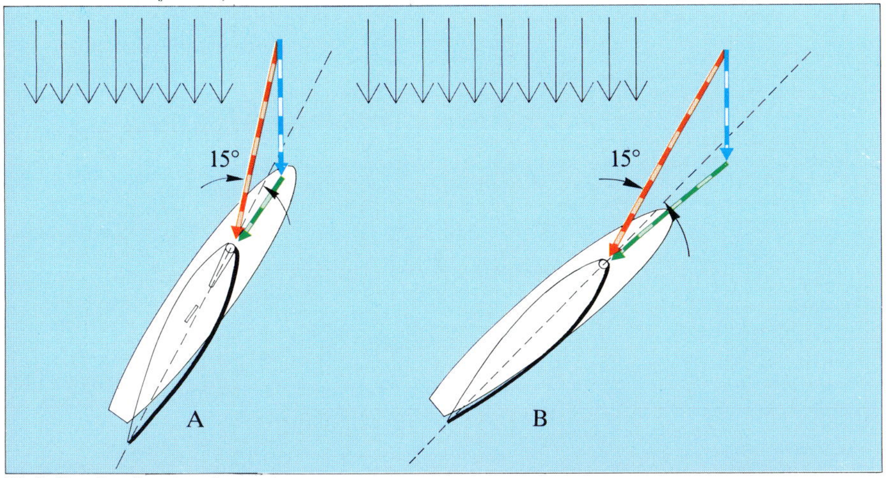

Weil B schneller ist als A, kann er nur in einem etwas flacheren Winkel Höhe laufen

Den geringsten Druck im Segel haben Sie auf Vorwindkurs. Der Fahrtwind, der als „Luftwiderstand" ja auch auf diesem in Richtung des atmosphärischen Windes gerichteten Kurs entsteht, wirkt dem atmosphärischen Wind genau entgegen.
Zudem wirkt das Segel nicht mehr durch den am angeströmten Profil entstehenden Sog (vergleiche Kapitel „Strömung am Segel", S. 104), sondern nur noch durch Staudruck. Der aus diesen Gründen auf Vorwindkurs schwache Druck im Segel kann zu einer Täuschung über die Stärke des atmosphärischen Windes führen, denn je schneller Sie vor dem Wind fahren, desto mehr nimmt der Wind an Bord ab! Während sich am Ufer die Bäume biegen, meinen Sie beim Surfen auf Vorwindkurs, der Wind hätte nachgelassen oder sei gar eingeschlafen.
Diese Erscheinung müssen Sie sich stets vor Augen halten, wenn Sie überlegen, ob Sie bei ablandigem Wind starten wollen: Die erste Strecke fahren Sie nämlich mit wenig Druck im Segel und in ruhigem Wasser (vergleiche „Ablandiger Wind", S. 77), zurück zum Ufer müssen Sie allerdings kreuzen und sind dann mittlerweile vielleicht schon im Bereich des offenen Wassers, wo der atmosphärische Wind ungehindert weht und sich Wellen entwickelt haben. Die Folge bekommen Sie bald zu spüren: Die Wellen bringen Balanceprobleme bereits beim Segelaufholen und Starten, Sie kommen gegen den Wind kaum vorwärts, der Druck im Segel nimmt zu, und je länger der Rückweg dauert, desto mehr lassen Ihre Kräfte nach. Trotz guter Kondition ist es möglich, daß Sie bei solchen Voraussetzungen nicht mehr ohne fremde Hilfe ans Ufer zurückkommen.

Wind und Wetter

Wettervorhersage

Als Surfer sind Sie in hohem Maße von Wind und Wetter abhängig. Wie das Wetter aussieht, können Sie durch einen Blick aus dem Fenster leicht feststellen. Jedoch wird damit die *im Moment* beobachtete Wettersituation zur Grundlage von wichtigen Entscheidungen gemacht: warme Kleidung, Regenschutz, Sturmsegel, Sonnenschutz – ja oder nein? Daß aber der Blick aus dem Fenster nur einen kleinen Ausschnitt der allgemeinen Wettersituation freigibt und daß sich die Wetterlage kurzfristig ändern kann, wird oftmals nicht berücksichtigt. So lohnt es sich vor einem geplanten Surfwochenende in jedem Fall, Wetterkarten oder Wetterberichte aufmerksam zu verfolgen. Anhand von Daten über die Lage von Hoch- und Tiefdruckgebieten, über Sonneneinstrahlung und Luftfeuchtigkeit sind die Wetterämter imstande, recht zuverlässige Aussagen über Bewölkung, Temperatur, Niederschläge und Wind zu machen. Durch die Zuhilfenahme von Satellitenfotos hat sich die Vorhersagequalität wesentlich verbessert.
Die Fernseh-Wetterberichte informieren Sie verhältnismäßig ausführlich über die Wetterentwicklung, einschließlich der zu erwartenden Windverhältnisse. Da diese Vorhersagen jedoch für den „Normalverbraucher" gemacht werden, ist es zunächst schwierig, sich aus den sehr allgemein gehaltenen Formulierungen Vorstellungen über die Windstärke zu machen. Angaben wie „schwacher bis mäßiger Wind" müssen von Ihnen also „übersetzt" werden. Erst dann können Sie beurteilen, ob es sich lohnt, den kommenden Tag am Wasser zu verbringen. Die Windstärke wird in Beaufort (Bft) angegeben. Wichtig: Bft-Angaben sind nicht sehr genau, sie geben nur einen Anhalt (siehe Seite 111). Die Tabelle gibt Ihnen einen Überblick.

Küste bei Windstärke 9!

Bezeichnung im Wetterbericht	Windgeschwindigkeit km/h	Windstärke Bft
allgemein schwachwindig	ca. 0–10	0–2
schwacher bis mäßiger Wind	ca. 10–20	3
mäßiger Wind	ca. 20–30	4
frischer Wind	ca. 30–40	5
starker Wind	ca. 40–50	6
stürmischer Wind	ca. 50–75	7–8

Geben Sie sich mit den Fernseh- oder Rundfunk-Wetterberichten nicht zufrieden, so stehen die Fernsprechansagen und Telefonauskünfte spezieller Wetterämter zur Verfügung:

Wetterdienst	Telefon
Allgemeine Wettervorhersage	(0) 1164
Seewetterbericht	(0) 11509
Landwirtschafts-Wetterbericht	(0) 1154
Wind- bzw. Sturmwarnung deutsche Nord- und Ostseeküste	040/3196628
Seewetterbericht Nord- und Ostsee über Telefax (gebührenpflichtig; Infos tel. unter 040/3190801)	040/3190873
Flugwetterwarte:	
Hamburg	040/50752474
Düsseldorf	0211/424140
Frankfurt	069/6903233
Stuttgart	0711/9484338
München	089/908016
	089/978530

Durch besondere örtliche Gegebenheiten kann sich das Wetter an Ihrem Surfrevier erheblich von der Großwetterlage unterscheiden. Um auf unliebsame Überraschungen wie Sturm, Winddrehungen, Gewitter oder Nebel vorbereitet zu sein, empfiehlt es sich, daß Sie sich in jedem Fall vor Ort über die lokalen Wetterbesonderheiten informieren. Meist erhalten Sie bei Einheimischen, beim Hafenmeister oder bei ansässigen Surf- oder Segelschulen recht zuverlässige Angaben über die Wetterentwicklung oder eventuelle Gefahren. Sie sollten sich jedoch nicht dazu verleiten lassen, Wettervorhersagen von Experten blindlings zu vertrauen. Die eigene Beobachtung von Himmel und Wetter ist durch nichts zu ersetzen.
Trotz allem kann ein gesunder Zweifel sowohl am offiziellen Wetterbericht als auch an der eigenen Wetterbeobachtung Sie vor unangenehmen Überraschungen bewahren. Rechnen Sie immer mit allen Möglichkeiten; auf entsprechende Ausrüstung und Kleidung dürfen Sie beim Windsurfen nicht verzichten.

Wind- und Sturmwarnung

An vielen Gewässern sind *während der Saison* Sturmwarnstellen eingerichtet, die durch weit sichtbare optische Signale vor Starkwind beziehungsweise Sturm warnen. Häufig ist damit auch die Vorschrift verbunden, bei Sturmwarnung sofort das Wasser zu verlassen. Daran müssen Sie sich unbedingt halten, um nicht Ihr eigenes Leben oder das Leben von Rettungspersonal zu gefährden.

An der Küste gibt es Warndienste von DLRG und anderen Organisationen. An einigen Binnengewässern blinken weiße, rote oder orangefarbene Lampen ca. 40mal pro Minute bei Sturmvorwarnung, ca. 90mal pro Minute, wenn der Sturm das Revier voraussichtlich binnen einer Stunde erreicht. Sturmwarnungen an Binnengewässern werden im allgemeinen bereits dann gegeben, wenn mit Wind von 6 Bft oder mehr zu rechnen ist. Statt optischer können auch akustische Signale gegeben werden.

Eine Gewitterfront kann binnen einer halben Stunde aufziehen

Windstärke und Segelwahl

Aus Angaben über *Windstärken* können Sie nicht unmittelbar auf den Druck am Segel schließen, den Sie halten müssen, denn der Segeldruck resultiert aus der *Windgeschwindigkeit* (siehe auch „Der Wind, mit dem Sie surfen“, Seite 108). Bei 4 Bft, das heißt bei einer Windgeschwindigkeit von 20 bis 28 km/h, beträgt der Segeldruck zwischen 19 und 39 N/m^2 (bei konstanter Fahrgeschwindigkeit und gleichbleibendem Kurs). Umgerechnet auf ein 6-m^2-Segel liegt der Strömungsdruck, die Gesamtkraft des Segels, bei 4 Bft zwischen ca. 170 N (Untergrenze) und 350 N (Obergrenze). An der Untergrenze von 4 Bft kommen Sie mit einem 6-m^2-Segel also unter Umständen noch gut zurecht, an der Obergrenze geht nichts mehr.

Als einfache Faustregel sollten Sie sich merken: Mit jeder Windstärke mehr verdoppelt sich der Segeldruck. Setzt man den Segeldruck bei mittlerer Windstärke von 1 Bft gleich 1, beträgt er bei 5 Bft bereits 16 Einheiten. Probieren Sie am Ufer aus, ob Sie Ihr aufgespanntes Rigg halten können.

Gewitter

Für den Wassersportler ist es von großer Bedeutung, Gewitter rechtzeitig zu erkennen, um notwendige Vorkehrungen treffen zu können. Die Gefahr von Wärmegewittern läßt sich an typischen Wetteranzeichen gut erkennen:

- hohe Lufttemperaturen mit hoher Luftfeuchtigkeit (drückend und schwül)
- meist schwachwindig

Typisches Wärmegewitter im Hochsommer

- Schönwetterwolken (Cumulus), die sich rasch sehr hoch auftürmen
- Windzunahme in Richtung der Gewitterwolke
- Blitz und Donner schon aus größerer Entfernung wahrnehmbar

Werden Sie auf dem Wasser von einem Gewitter überrascht, so können Sie sich schnell in nicht kalkulierbarer Gefahr oder Not befinden. Die Verlockung ist groß, nach einem Flautentag die ersten Gewitterböen auszunutzen, doch wäre es grober Leichtsinn, sich dadurch zu gefährden. Abgesehen von der Möglichkeit, vom Blitz getroffen zu werden, ergeben sich noch andere Probleme. Der Wind kann bis zur Sturmstärke zunehmen und plötzlich aus genau entgegengesetzter Richtung wehen. Zusätzlich können Regen- oder Hagelschauer die Sicht so sehr einschränken, daß die Orientierung auf dem Wasser unmöglich wird.

Die beste und sicherste Entscheidung ist in jedem Fall, bei Gewittergefahr das Wasser zu verlassen oder zumindest nahe am Ufer zu bleiben, damit es gegebenenfalls sofort erreichbar ist. Falls Sie jedoch trotzdem auf dem Wasser von einem Gewitter überrascht werden und keine Möglichkeit mehr haben, ans Ufer zu gelangen, so sollten Sie sich fest an folgende Verhaltensregeln halten:

- Rigg ablegen (der feuchte Mast könnte wie ein Blitzableiter wirken)
- auf dem Brett so eng wie möglich zusammenkauern (Füße zum Gesäß ziehen, Arme um die Knie legen)
- erst nach Durchzug des Gewitters an Land zurückfahren

Stichwortverzeichnis

Mehr Können
Mehr Wissen
Mehr Sicherheit

Besser surfen – das bedeutet mehr Können, mehr Wissen, mehr Sicherheit. Mit diesem Leitmotiv wendet sich „Ich lerne besser surfen“ an alle, die nach ihren ersten Surferfahrungen weiterkommen wollen.
Den Praxisteil bestimmen Techniken und Übungen zur Brett- und Riggbeherrschung mit anschaulichen Bildreihen und erläuternden Texten. Surfen bei mehr Wind: Trockenübungen an Land bereiten auf das Starten und Manövrieren auf dem Wasser und das Fahren mit Trapez vor. Strand- und Wasserstart zu lernen wird durch die richtigen Tips ebenso leicht gemacht wie Speedtechnik, Duckjibe und Powerhalse.
Neben den Anleitungen zur Fahrtechnik wird umfangreiches Fachwissen geboten. Diese „Surftheorie“ ist leicht verständlich dargestellt; sie vermittelt die für Fortgeschrittene notwendigen Kenntnisse über Funktion von Brett- und Riggsteuerung, richtigen Materialeinsatz und geeignete Reviere.

Uwe Farke / Volker Möhle / Detlef Schröder
Ich lerne besser surfen
Vom VDWS empfohlenes Lehrbuch
4. überarbeitete Auflage, 144 Seiten mit 300 farbigen Abbildungen, gebunden DM 29,80
ISBN 3-7688-0431-3

Delius Klasing
Verlag